岩波現代文庫／学術 221

際

ンセリング

〉コレクション II

河合隼雄

河合俊雄［編］

岩波書店

はしがき

この本は、大阪カウンセリング研究会主催による「入門講座、カウンセリングの実際」として、昭和四十四年四月から九回にわたってなされた講演の筆記に加筆して、できたものである。

カウンセリングの「実際」について書物を書くことはほとんど不可能かもしれない。本文中に、しばしば強調するように、カウンセリングの実際場面にはあまりにも多くの二律背反性が存在する。そこには、書物として系統的に書き表わせるような一般法則を見出すことが不可能と思われる。このゆえにこそ、カウンセリングの「実際」は、個人対個人のスーパーバイズによって伝えるのが、最適であると考えられる。それにもかかわらず、あえて本書の出版を考えたのは、わが国の現状においては、何らかの方法でカウンセリングの実際問題を取り上げた本が必要と考えたからである。

最近の、わが国におけるカウンセリングの発展にともなって、多数の人がこれを学ぼうとされている。筆者もときにカウンセリングの講習の講師をつとめることがあるが、そのときに、いつも感じることは、多くの人たちが何か型にはまった考えに縛られてしまって、「実際問題」の解決にとまどっていることである。「クライエントが黙っている限り、こちらは沈黙を守るべきでしょうか」「クライエントが家出をするときには、とめるべきでしょうか」「クライエントの質問に答えてはいけないのでしょうか」、などの質問が何度も投げかけられてくる。これらの真剣な問いに対して——たとえ決定的な答えはないにしても——何らかの解答を与えようと思って、この講座を開くことになったのである。そして、この講座の基礎として、京都市カウンセリングセンター主催による、京都市の教員の人たちに対する「入門講座」をはじめ、多くの場所で行なった講習や指導の体験を生かすことができた。

カウンセリングの実際は書物にはできないと述べたが、その本質を伝えるためには、矛盾を恐れず、くり返しをいとわず、体験の深まりを願って、全体の流れをおしすすめてゆくことが望ましい。そのためには、直接話しかける講習の形にするのが最適であると考え、ここにあえて、講演の筆記の形で出版することになったのである。

上述のような理由で、講演筆記の形をとったが、やはり聴衆に語りかけるのと、読まれるべき書物とは異なるものであり、この点を考慮して、相当、訂正加筆をしなければならなかった。このため、文体や表現などに不統一な点が生じたが、これもお許し願いたい。

カウンセリングの実際問題に焦点をあてたので、本書では理論的な考察や人間理解の考え方などについては触れなかった。この点は他書を参考にしていただきたい。なお、筆者の考えを知りたい方は、拙著『ユング心理学入門』を参照していただくと幸いである。

一冊の書物は、著者ひとりの力のみによってできるものでないことを、いつも痛感するのであるが、この書物の出版にあたって直接に助力してくださった方、また、この書物の裏づけとなる体験を与えてくださった、カウンセリングを学ぶ人びと、およびクライエントの人たちにも、心から感謝の言葉をささげたいと思う。

目　次

第一章　カウンセリングとは何か

第一節　援助の方法

1　カウンセリングの出発点

近来わが国においても、カウンセリングに対する関心はずいぶん高まってきたように思います。産業界、教育界、あるいは宗教の分野においても、カウンセリングを学び、それを実際に行なおうとする人が増加しつつあり、カウンセリングの講座も盛んに行なわれています。私もこのような講義をするとき、いつもむずかしく思うことは、「カウンセリングとは何か」ということを、明らかにしなければならないことです。カウンセリングとは何かということは、人それぞれある程度の認識をもっているのですが、これを明確にするということはなかなかむずかしい。そして、この定義が明らかでなかったり、変な誤解があったりするため、カウンセリングをする人びとの間に混乱が生じたり、また、カウンセリングに対する無用な抵抗が存在したりしているように思われます。

ところが、カウンセリングとは何かということを正面から取り上げて定義づけることは、実にむずかしいのです。それは、むしろ「何と異なるものだ」といいやすいようです。師弟関係のように、教えるものと教えられるものというのではない。親子の愛情によってつながっている関係でもない。では同等の立場で交わる友人関係のようなものかというと、やはりそれでもない、ということになります。そこで、まず最初はむずかしく考えることをやめ、「一人の人間が悩みや問題をもっている。そして、その解決を望んでいるときに他の人間が援助する。このとき、悩みや問題をもってくる人がクライエントで、それを援助する人がカウンセラーである」という常識的な点を出発点として考えてゆきたいと思います。

ところで、ここで一例をあげますと、私は次のような質問を受けたことがあります。カウンセリングの勉強をした学校の先生が、カウンセリングルームを開いてカウンセリングをしようとした。すると、ある生徒が来て、その先生の教えている教科についていろいろと質問をした。仕方ないので教えてやると、「こんな勉強をするにはどんな参考書がいいでしょう」とたずねるので、それも教えてやった。さて話が終わったので帰るのかと思うと、その生徒がしばらく黙っていた後で、「実は先生」とまったく別の自分の悩みについて相談し始めた。そこで、それまで何もかも教えていた勢いで、カウンセラーの先生は「こうしたらいいだろう」「このようにしなさい」といろいろ指示してやった。すると、その生徒は喜んで帰っていった。次の日に、その生徒が来て、「先生にいろいろ教えていただいたお陰で、問題がうまく解決しました」とお礼を言ってくれた。ところでこのようなことを話された先生が、私に対して、「先生、私のやったことはカウンセリングでしょうか」と質問をされたのです。

なぜ、このような質問をされたのかは皆さんはお分かりになると思います。つまり、「カウンセリング」というと、どうも型が決まっていて、それ以外のことはしてはいけないと思っている。この先生の場合、カウンセリングでは教えたり指導したりしてはいけないのだ。そして、自分は教えてしまったのでカウンセリングではない。さらに、カウンセリングではないからだめなのではないかという恐れさえ、この質問の裏に感じられるのです。そこで私は、「自分のしたことがカウンセリングであるだろうかと反省する前に、自分のしたことは役に立っただろうかを考えてください」とお答えしたのです。これは非常に大切なことです。初めに述べたとおり、一人の人間の悩みや問題の解決を援助する場合、何をしてもいい、ともかく役立つことをすればいいのだということです。この点を明らかにしておかないと、ともすれば「私のしたことは本当のカウンセリングであったか否か」という点にこだわってしまうことになるのです。

これらのことを簡単にいうと、誰かが悩みをもって来たときに、「私がこの人のために、現在できる最善のことは何か」をまず考えよということになると思います。こう考えますと、われわれのできることはたくさんあります。

それらについて少し考えてみますと、まず、**直接的な援助**が考えられます。これは、たとえばお金に困っている人であれば、お金をあげる。就職口のない人には就職口をさがしてあげる。たしかに、このようなことが、その人のために現在できる最善のことであることがあると思います。

また、このような直接的な援助をしないにしても、われわれがよくしますのに、**助言**、**忠告**があります。就職口のない人に、自分で探してやるのではなく「新聞の就職欄を見なさい」と言ってやったり、「親類の人に頼ってみては」と言ってやったりする。これは、ときにはもっと厳しくなって「**叱責**」になることもあるでしょう。「ぼやぼやせずに、自分の力であちこち当たってみなさい」と言うかもしれません。

あるいは、次に、**環境に対する働きかけ**、もわれわれがよくすることです。つまり、父親のあり方が非常に悪いと分かったとき、父親と会って態度を変えてもらうようにする。あるいは、環境を変える方法としては、本人を転校させたり、職場を変えることによって調整しようとすることもあります。これらの方法はすべて、よい効果をもたらすときがあります。しかし考えてみますと、いろいろ問題を含んでいます。

2　効果に対する疑い

まず第一に考えられることは、このようにしたことの効果がないときであります。これは少しでも真剣に他人のために働いたことのある人なら、誰でも経験があると思います。たとえば、父親との関係が悪くなってさんざん父親の悪口を言って、家出をしようとしている学生があった場合、「家出をやめて、もう一度お父さんと話し合いをしてみなさい」とか、「いやでも何でも、ともかくお父さんの言うとおりにしてみてはどうですか」とか忠告することが多い。すると、その学生は「そうしてみましょう」と答えるけれど、その実やっていないということが非常に多い。実は私もたくさん、忠告や助言をした覚えがありますが、守られることは少ないのです。また、環境に対して働きかけようとした場合も、効果のないことを痛感させられることが多いものです。たとえば、どうも父親に問題があると思って、父親に会いにゆくと、「家のことは放っておいてくれ」などと怒鳴られて帰ってくる。あるいは、交友関係が悪いので非行におちいっていると思って、転校させてみると、結局は転校したところで、また悪い交友関係をつくり出してゆくといった場合などがあります。ところで、実際のところ効果がないのに、これで一応「片がついた」ように思われていることも多いのです。つまり、私はこの生徒のことを考えてやった。そして、わざわざ家まで行ってやった。しかし、父親が全然だめである。原因は父親なのだ、だから私のせいではないし、私としては「できるだけのことはしてやった」ということで、常識的には片がついてしまうのです。実のところ、この常識的には片がついているのに、それがついていないと考えるような物好きな人が、カウンセリングをするといえるのかもしれません。

さて、このように効果のないことも多いのですが、たとえ効果があったとしても、**効果に対する疑問が生じてくる**、ことも多いのです。これは単純な場合は、お金をあげたり貸したりしてやったとき、初めは喜んでいるにしても、その人がそのためにかえってむだ遣いをするようになったり、地道に働くことを嫌がったりするようになることが考えられます。善意でしたことが効果をもたらさないどころか、悪い結果をもたらすこともあることは、われわれ他人の悩みや問題の解決を何らかの意味で援助したい気持ちをもっているものにとって忘れてならない大切なことと思います。

たとえば、次のような例があります。気分が沈んで会社に行く気がしないというクライエントの話を聴《き》いていますと、その人は自分の上司の不正を知り悩んでいるといいます。上司の不正行為を正そうと努力してきたが、うまくごまかされて、なかなかうまくゆかない。といって、その上司の悪口をもう一つ上の上役に告げ口するのは、うしろめたくて嫌な気がする。そのため気分が沈んで仕方ないというのです。この場合カウンセラーは、上司の不正を直せばクライエントもよくなるし、会社のためにもなると思って、秘密厳守の規則を守らずに、その話を上役のところに持っていった。もちろん、カウンセラーが言ったことは秘密にしてほしいということを納得してもらう。その上役は機をみて、うまい口実をみつけ不正をしている人を異動させてしまった。すると、クライエントがカウンセラーのところに来て、「先生、とうとう、あの上司の不正もどこからか分かったらしく左遷されてしまいました。私も喜んで会社に行っています」と言う。喜んでいると、そのうちにクライエントは前よりももっとひどい、うつ状態におちいってしまい、とうとうカウンセリングにも来なくなってしまったという例があります。

　これは、その人は上司の不正と闘ってゆくことに、他の大きい内的な意義があったのではないかと思われます。つまり、それを自分の力でやり抜いてゆくことにこそ人生の意味があった。この場合、カウンセラーがクライエントの幸福を願ってしたことは、いうならば、クライエントのせっかくの意味を奪ってしまったことになっている。常識的にはいいことをしながら、結果はかえって悪くなっているのです。これは下手をすると、このような浅薄な善意のために、自殺が起こる場合さえあるのです。クライエントの悩みを簡単にとろうとして、かえって、その生きがいさえとってしまうことになります。実際われわれは、もっと人の悩みを尊重しなければならないのです。

今のは極端な例ですが、ともかく直接的な援助、忠告、環境に対する働きかけなどについて疑問が生じてくることは多いものです。

また、以上のようなことをしたいと思っても、できないこともよくあります。悩みや問題をうち明けられても、実際何もしてあげることができないと思うことは本当に多いものです。深く考えれば考えるほど、何もできなくなってくると感じさせられます。しかし、以上あげてきた三つのこと以外に、われわれにまだできることがあります。それこそ、カウンセラーがねらいとしている点なのですが、われわれにまだできることは、ひたすらクライエントの話に耳を傾けて聴くということです。

第二節　カウンセリングのねらい

1　「聴く」ことの意味

クライエントの話に耳を傾けて聴くということは何を意味するのか、例をあげて示してみることにします。たとえば、前にもあげましたように、ある大学生が父親の悪口をさんざん述べたてる。たしかにその人の話を聴いているかぎりでは、父親の方に問題があるように思う。つまり、父親が頑固でさえなければ、この家はうまくゆくだろうと思える。そこで、われわれは、それが本当かどうかを父親に会ってたしかめたり、あるいは、父親を説得に行ったりはせず、まだそれでも本人の話を聴こうとする。このように、本人の話にひたすら耳を傾けてゆこうとすることは、そうすることによって、本人さえ気づいていない新しい可能性が、その場に生まれでてくるという確信によって裏づけられているのです。

さて、実際にその学生の話を聴いていますと、いろいろ父親を攻撃したあげく、しばらく黙っていた後に、「実はいろいろ悪口を言いましたが、今まで私の学資を出してくれているのも、お父さんなのです」と言います。これはたしかに、本人さえ気づいていなかった新しい事実とはいえません。この学生は、父親が学資を出してくれていることは知っていたはずです。しかし実は、そのことを知ってはいても、父親は頑固でだめだ、自分は家出すると言っていたときに、この学資のことも合わせて考えてはいないのです。人が何かを「知っている」という場合、それにはいろいろな程度があるように思われます。たとえば、この例では、学生は父親が学資を出してくれていることを「知っている」わけですが、父親を攻撃しているときは、その事実が心の片すみに追いやられてしまっているのです。ところがカウンセラーが耳を傾けて、この人の言い分を聴こうとすると、さんざん父親を攻撃した後で、この心の片すみに追いやっていた事柄を取り上げずにおれなくなってくるのです。このため、クライエントは、頑固で分からずやの父親という面と、学資を出してくれている父親という面を、両方同時に取り上げて、その両者を総合するような新しい父親像を探り出してゆく努力をはらわねばならなくなってくるのです。カウンセラーが耳を傾けて聴くということは、結局のところ、心の片すみにあって忘れられかかっている声や、ほとんど聞きとれぬほど弱く語られている声に対しても、耳を傾けているのだといってよいかもしれません。

ところで、この学生はこのような話をしたあと、一度帰省し、またやって来たときには、「あれほど言いましたけど、父はそれほど頑固ではない。いろいろ申し上げましたが、考えてみると父も話の分かるところもある」と言います。そして、これはあとで分かったことですが、あとでその父親に会ったとき、「この頃、むすこが変わってきた。今まで言ったことがなかったのに〈お父さん、ありがとう〉などと言いだした。今までは、荷物を持ってやったりしても、当たり前のような顔をしたり、むしろいやそうな顔をしていた。ところが、先日は見送っていって荷物を渡すと、〈お父さん、ありがとう〉と言うのでおどろいてしまった」と言われたのです。こうなりますと、父親の態度も、もちろん変わってくるし、それにつれてむすこの態度もまた変わってゆくでしょう。そして、この学生が私に言ってくれたように、「父はそれほど頑固でなく、話の分かるところもある」ということになったのだと思います。

2　可能性の発展

このような例から考えますと、初めに学生の話を聴いたときには、頑固な父親といがみ合っていて、家出でもするより仕方がないとさえ思われたところに、温かい親子関係が生じてきて、問題が解決されてゆくのだ、ということができます。つまり、初めには想像もできなかった新しい可能性が生まれでてきたのです。しかも、ここで大切なことは、その可能性を発見していった主体がクライエント自身であって、カウンセラーの考えに従ってなされたのではないということです。先ほど、助言や忠告による援助の効果に対する疑問について述べましたが、クライエント自身が、自分でその可能性を探ってゆくとなれば、あくまで、その責任をもっている主体がクライエントにあるという点で、われわれは、その効果についての悩みが少なくなるものです。このように、われわれが、聴く態度をもってカウンセリングをしていますと、今までになかった可能性がクライエントの心のなかから生じてくるといえます。しかし、このような可能性が生まれてくるには、時間を要することも多く、一回きりの話で終わることは少なくて、何回もくり返さなければならなくなってきます。そのため、われわれは実際には時間を区切って、一時間なり五十分なり、一週間に一度、あるいは二度と回数を重ねて会う場合が多くなります。そして、一回の面接が大きい効果をあげるときもありますし、人によっては、三年間も四年間もつづけなければならないことがあります。

さて、これほどのいいこと、つまり話を聴いてさえいれば可能性が生じてきて、本人が自分で解決してゆくということがあるのに、一般の人はなぜそうしないのかという疑問が起こります。こんなにうまくゆくのに、なぜ人は他人の話に耳を傾けないのだろう。この問題は、またあとで詳しく述べようと思いますが、その理由の一つとして、今私の述べた可能性というのは、常に良い可能性ばかりを意味していないことを指摘しておきたいと思います。つまり、可能性というのは、良い面も含んでいるし、悪い面も含んでいる。あるいは、良いか悪いか分からない、どちらになるか分からないものこそ可能性と呼べるものだというべきかもしれません。

可能性のなかに含まれる危険性の問題は、また後で取り上げることになると思いますが、一つの例をあげますと、たとえば、ここに上役の不正をみつけた人があるとします。この人がここで「まあ仕方のないことだ」とあきらめてしまえば、別に何事も起こらない。そのことがいいか悪いかは別としてともかく何も起こらないわけです。ところが、そこで何とかしたいと思い始めると、上役とどのように話し合うかとか、話し合っても無視されたときはどうするかとかいろいろ問題が生じてくる。この過程のなかで、この人はそのような問題と取り組むことによって、自分のなかにある可能性を発展させてゆくわけですが、うっかりすると、どんな失敗をしてしまうかも分かりません。急にカッとなって上役をなぐってしまうかもしれません。あるいは、上役の悪口をあちこちふれ歩いているうちに、上役の圧力で会社をやめさせられることになるかもしれません。つまり、私が「可能性」と呼んでいることは、これらのすべてのことを含んでいるのです。これらのプラスの可能性もマイナスの可能性もすべてを含んだもののなかから、プラスのものだけをとり出してくるのは容易なことではありません。いやむしろ、プラスの結果を得るためには、しばらくはマイナスの結果にも耐えてゆかねばならぬことも多いのです。そこで、そのような危険な橋を渡らなくとも、ともかく「仕方がない」と思っておれば、ある程度平穏にゆける、このように思う限り、他人の可能性に耳を傾けるよりは、そのままにしておきたいという気持ちが一般に働くのも無理ないこととといえるかもしれません。

　実際、われわれは「進歩をめざして」とか何とかいいながらも心の底ではできたものはこわしたくないと思い、ともかく事が起こらない方がいいと思っているものなのです。ですから、他人の話を際限なく聴いていると、どんなことが飛び出してくるか分からないという恐《こわ》さがあります。そこで、ふつうわれわれは他人と話し合っていると、ある程度のところで片をつけたくなってきます。言い換えると、新しい可能性を殺し、それに目をつむることによって、何らかの片をつけてしまおうとするものなのです。たとえば、「世の中というものはそんなものだから、あきらめなさい」と言うことによって片をつける。あるいは話を聴いた後で、「父親が悪い」と父親に会いにゆく、そして、「やっぱり父親が悪い、あれではいくら言っても仕方がない」と言うことで片がついてしまうのです。つまり、本当の意味での解決はついていないのですが、「一応の片がつく」わけなのです。

しかし、今述べたようなことも、むしろ当然といえるかもしれません。人の話に耳を傾けて聴くときは、プラスもマイナスも、良いとも悪いとも分からない。いやむしろ、悪いと思えるような可能性が話のなかに出てくるので、うっかり聞けるものではありません。何気なく話を聞き出して、マイナスの話が出かかると逃げ出してしまうようだったら、今述べたように、いい加減のところで「片をつける」方がまだ無難だとさえいうことができます。このように、他人の話を真剣に聴くことは大変なことですので、われわれカウンセラーは、一対一で、他人には聞こえない部屋で秘密を厳守して、時間まで決めて会うことになるのです。これは常識的に考えますと、他人のために役立とう、いくらでも援助しようというのであれば、何時間でも、いつでも、どんなところでもしなければならないように思えるのですが、逆に時間を区切ったり、場所を決めたりするということは、耳を傾けて話を聴くことが大変な仕事であることのため生じてきたことであります。

今まで申し上げてきたことを簡単に言いますと、カウンセリングの一番のねらいとしているところは、普通の人のするように早く片づけるのではなく、あくまでクライエントの心の底にある可能性に注目して、それによって本人が主体的な努力によって、自分の可能性を発展させてゆく、そのことによって問題も解決されてゆくという点にあるといえます。ここに、「一番のねらいとしている」という表現をしましたのは、実際問題としては、このとおりのことが行ないがたく、一番のねらいではないこともしなければならないことが多いからです。この点は、初めに申し上げた点にかえって考えますと、「そのときになしうる最善のこと」としては、直接的な援助や、忠告、助言などをすることになる場合も生じてくるからです。あるいは、本人の可能性の発展を待つよりも環境に働きかけねばならないときもあるでしょう。しかし、われわれとしては、あくまで第一のねらいはどこにあるかを忘れてはならないと思います。実際の事例にあたったとき、このへんのことがどのようにからみ合ってくるかは、あとの話に何度もでてくることと思います。

以上のような考え方でカウンセリングをするわけですが、これに対する批判もたくさんあると思います。そこで一般に、カウンセリングに対する批判として言われている点について考えてみたいと思います。

第三節　カウンセリングに対する批判

1 「時間がかかりすぎる」

カウンセリングに対する批判として、まず言われることは、「時間がかかりすぎる」ということです。そんなのんきなことをしてはいられない。クラスのなかで問題の子どもがいる場合、それをすぐによくしたいのだ。それに一週間に一時間会って……などとゆっくりしたことはしておられない。あるいは、会社のなかで問題をもった人がいる場合でも、可能性に注目してカウンセリングをするのは結構だけれども、その可能性が生じてくるのはいつのことか分からないというのでは、待ちきれない。もっと早く解決する方法はないかという批判です。これに対する意見はあとで述べますが、ここで、まずわれわれが忘れてはならないことは、カウンセリングということは人をいらだたせることが多いということです。

カウンセリングというものは、大体クライエントの周囲の人をイライラさせることが多いものです。問題をもった人がいる場合、その周囲の人たちは、「何とかしたい」「困ってしまう」と言いながら、前にも言いましたように、そのことを自分なりに心のなかで片をつけてしまっている人や、早く片をつけてしまおうと思っている人が多いものです。つまり、「父親が悪いからだめだ」「生まれつきの性質だから仕方ない」などと決めてしまっている。そこへ、カウンセリングを始めて、可能性に注目するということは、せっかくつけていた片をこわされる。そこに何が出てくるか分からないということになってくる。このため、どうしても、イライラした気持ちにさせられるのです。あるいは、他の面からいいますと、誰でも誰か困っている人の役に立ちたいという気持ちがある。そこへ、カウンセラーがまるでクライエントの役に立っているのは自分だけだといった感じで仕事をしていると、何だかねたましいような気さえして、イライラしてくるわけなのです。カウンセラーは他人の心の動きに敏感でなければならないはずですが、ときに、カウンセリングをすることはよいことだと安易に考え、そのような考えのなかに安住していて、クライエントやカウンセラーの周囲の人をどれだけイライラさせているかに気がつかない人がいるようです。

ところで、このようなわけですから、カウンセリングに対する批判として述べられるものの背後に、このようないらだちを見出すことはよくあります。たとえば、「時間がかかりすぎる」と非難する人の心には、カウンセリングが時間がかかること、この事実を攻撃しているのではなく、前に述べたような、いらつきの感情を表現しようとしていると考えられることが多いのです。このとき、カウンセラーが、今述べましたように、自分の仕事のもつ影の部分についての自覚をもっているときは、まず、その非難しようとした人の感情を受けいれることに努力を払うことになるでしょう。このような場合は、その人の非難は消え失せて、カウンセリングのことをよく理解してくれたり、カウンセラーの助けをしてくれたりすることになることも多いのです。

だいぶ話が横道にそれましたが、時間がかかりすぎるという批判に対して、もし正面から答えるとするならば、「よいことをするには時間がかかります」と言わねばなりません。よいことをするのに時間がかかったり、お金がかかったりするのは当たり前のことなのです。たとえば、ある芸術家が一生けんめい、長い間かかって仕上げた芸術品を見て、これはなるほどすばらしいが、これを二、三日で作っていただけないかと言うと、その芸術家は怒り出すにちがいありません。われわれの第一のねらいとしている、クライエントの可能性に注目してゆこうとする仕事は、どうしても時間を必要とするのです。たしかに、時間がかかることは残念ですけれど、これはまったく仕方のないことなのです。

しかしながら、時間をかけてよい仕事をするばかりが能でないことも大切なことです。たとえば、ある人が飢え死にしそうになっていて、何でもいいから食物を求めているとします。そのとき、「今からたいへんなご馳走をしてあげましょう。ただ、準備がいろいろとありますので、二、三日待ってください」などと言おうものなら、その人は「ご馳走はいらないから、何でもいい、今食べさせてくれ」と叫ぶことでしょう。この点を、われわれカウンセラーはよく知っていないとだめだと思います。つまり、そのときの状況で、私がこの人にできる最善のことは何かと考えた場合、それは、私が今まで述べてきたカウンセリングの第一のねらいを捨てることだというべきときも起こってくるわけです。カウンセリングを専門にしているといっても、私は何もカウンセリングをするためにのみ生まれてきたのでないことは当然のことであります。

長い間かかってカウンセリングをするよりも、今できることを何でもしなければならないときがある。しかし、そのときは一見成功したように見えても、結局は発展させるべき可能性に目をつむることによって得た一時の安定にすぎないときもあるわけです。だから、いくら早く解決してほしいと言われても、われわれとしては長時間を要する仕事をあえて選択しなければならないときもあるのです。実際にクライエントに会ったときは、どの程度の仕事を二人でやり抜くかについて覚悟をきめねばならない。大きい仕事をするために時間をかけるのか、仕事を制限してでも、ある程度早く片をつけるのか、このことの決定を迫られるわけです。

2 「環境を変えた方が早い」

次に、時間がかかりすぎるという批判と同じことですが、時間をかけて本人に会ってばかりいずに、環境を変えるようにした方が解決が早いのではないかという批判があります。これも先ほどの時間の問題と同様でありまして、クライエントが自分の力で可能性をくみあげて立ち上がるという大きい仕事をするためには、カウンセラーはむしろ環境に働きかけない方がいいということになります。「もう環境に働きかけなければならないのではないか」と思いながらも辛抱しているとき、クライエントが自分の力で問題を解決する方向に動き出してくれると、やはり辛抱していてよかったと感じさせられるのです。

3 「なまぬるい」

カウンセリングに対する他の批判として、「なまぬるい」ということもよく言われます。相手の言うことをフンフンと聞いているようななまぬるいことではだめだ。もっと叱るとか、必要であれば暴力をふるってもいい位のつもりで教育するとか、そういうことが大切で、これに対してカウンセリングはなまぬるくてだめだという批判です。私はこれは実態を知らない人の言うことだと思います。カウンセリングはなまぬるいものでないことは、自分が受けてみるとよく分かります。今まであげた例によって考えてみますと、クライエントが自分の父親は頑固だと言って、そのまま「ハイ」と相づちを打たれると、次に何か言わなければならない。次に何か言って、それも聴いてくれるだけだと、結局、その父親が学資を出してくれていると言ってしまう。ここでもカウンセラーが自分の意見をさしはさまないと、クライエントは自分で掘り下げた事実に自分で直面しなければならなくなってくるのです。外的にみれば何もしていない、なまぬるいようにみえるカウンセラーは、実は内的には、このようにクライエントが自分自身の問題に直面してゆく過程を共にしようとする厳しさをもっているのです。厳しいといっても、たしかにこれは一般の人の考える厳しさとは異なっています。叱ったり、体罰を加えたりすることを外的な厳しさというならば、カウンセリングは内的な厳しさというべきかもしれません。たとえば自分がクライエントとして、自分にはこのような欠点がありますと言ったとき、カウンセラーが、それを悪いことだとも言わないけれど、別に慰めてもくれない、ただ、あなたはそのような欠点があると思っているのだということだけを聞きいれてくれる態度である場合を想像してみてください。そのとき、クライエントとしてのあなたは、はっきりごまかすことなく、自分の欠点に正面から向き合わなければならないことを感じられることでしょう。つまり、カウンセリングは、クライエントの悩みや苦しみを取り去るというのではなく、その悩みや苦しみから、ともすれば顔をそむけようとしているクライエントが、それに直面してゆくことを助けるのだとさえいうことができます。問題に直面したもののみが、それを克服してゆくことができるのです。

ところが、実際には時間ばかりかかって、しかもなまぬるいカウンセリングもないとはいえないようです。それは、われわれがクライエントの話を聴きながら、先に述べた内的な厳しさに欠け、甘く同情してしまう態度になってしまった場合だと思います。クライエントが「私には、こんな欠点があります」と言った場合、「人間ですから、そんなことはあって当たり前です。心配する必要はありません」という甘さがカウンセラーの態度に強くでてくると、クライエントは安心してしまう。安心をしたものの、カウンセリング場面を離れると、またその欠点について不安になるので、カウンセラーに会い慰められて、安心感を取り戻す。このようなことをくり返しているときは、そのカウンセリングは長くつづきますが、進歩のない、なまぬるいものとなってしまうのです。このような意味においては、なまぬるいという批判に対して、カウンセラーは十分反省しなければならないと思います。

4　「現状肯定だ」

次に、カウンセリングは現状肯定を教えるものだという批判があります。つまり、クライエントが貧乏で困ると言うと、「もっと働きなさい」とか、「お金がもうかりやすい社会をつくり出そう」とか言わずに、「貧乏で困るのですね」と言っていたのでは、その人の問題を肯定してしまって改革がないというのです。つまり、貧乏であれば貧乏なりに生きてゆこう、父親が頑固であれば、それを何とか辛抱してゆこう、といった生き方をカウンセリングがねらっている。それはだめだという非難ですが、それも誤解だと私は思います。しかし、このような誤解が生じてくるのも、一応もっともなことだと思えます。つまり、クライエントの言うことをそのまま聴いていることは、まるでそれを肯定しているかのごとくにみえるからです。しかし、実際はそうではなくて、このように聴いていることは、まず現状をはっきりと認識することを意味しています。話し合いのなかで現状をはっきりと認識してこそ、新しい可能性を発見してゆくことができるのです。ただ、ここでクライエントがどのような可能性を見出してゆくかは、クライエント自身にまかされるわけで、現状を改革するためには、どのような方法や目的をもたねばならないという主義主張は、われわれの場合は確定していないのです。この点は、一定の主義にもとづいて改革を行なおうとしている人たちから見れば、もの足らなく見えるかもしれませんが、そうであるからといって、カウンセリングは現状肯定主義だという批判が正しいとはいえないと思います。

5 「あまり効果がない」

最後に、カウンセリングはあまり効果があがらないといって批判する人もあります。たしかに、ある中学校にカウンセラーをおいたので、非行がなくなってしまったとか、ある会社にカウンセリングルームを設けたため、遅刻者や怠ける人がまったくなくなってしまったというような極端なことは起こりにくいことでしょう。「あまり効果のあがらないものだ」と言われますと、特効薬的な見事な効果はあがらないものですと、私も答えたくなってきます。

実際、私の経験では、それほど人間というものはむやみに変わるものではないように思われます。カウンセリングによって、何もかもすべてよくなるとは私は思っておりません。では、カウンセリングは効果のないものかと問われると、やはり効果のあるものだと言いたくなってきます。これはなぜこのような混乱が生じるかを考えてみますと、カウンセリングでは予想外の見事な効果を発揮することがあるために、それに嬉しくなった人が「すべてのことが」うまくゆくと、少し宣伝をしすぎたのではないでしょうか。カウンセリングルームを学校や会社につくるとき、ともすると効果のあがることを強調しすぎるために、かえって反感を受けて、少しでも失敗があると「効果があがらない」という非難を受けることになるのだと思います。カウンセリングは、うまくゆくときは本当にすばらしいですが、いつもそんなにうまくゆくものではありません。私自身カウンセリングを長い間やってきて、「なかなか効果のあがりにくいものだ」と思うこともあります。では、どうしてカウンセリングをするのかということになりますが、それには、私の現在できる最善のことは、これより他によい方法がないからだと答えるより仕方がありません。実のところ、私は他人の悩みや問題の解決を助けようと、直接的に援助したり、忠告や助言をしたり、環境に働きかけたり、いろいろなことをしてきました。これらの方法は効果のあがるときもありますが、なかなかうまくゆかないことも実に多いのです。そんなとき、「急がばまわれ」とでもいうべきカウンセリングに頼る方がいいことを、しばしば体験してきました。もちろん、カウンセリングは魔法でも特効薬でもなく、これさえあればいいといったものではありません。しかし、カウンセリングをすることの意味は十分すぎるほどあると思っております。

「カウンセリングは時間がかかりすぎてだめだ」と言い、「カウンセリングは効果があまりあがらない」と非難している人たちの多くは、その実、それに代わる何らのことも行なっていないことが多いようです。これらの人のなかには、何度も述べましたように、心のなかで適当に片をつけて、それで事が終わったと思いたいときに、カウンセリングということによって、そのせっかくの安定をゆすぶられるため、その腹いせとしてカウンセリングに八つ当たりをしている人さえいるようにも思えるのです。

このような他人のことを変に勘ぐることはやめにして、われわれ自身としては、やはりカウンセリングのねらいに固執することなく、何でも最善のことをすればよいということになるでしょう。たしかに、「現在できる最善のことをする」ということは、いつも通用する正しい法則です。しかしながら、このようなけっこうな法則は実際には役立たないことが多いのです。たとえば、クライエントが離婚しようかどうか迷っていると相談に来たとしましょう。そこで、カウンセラーは「私のできる最善のことをすればよい」と思ってみたところで、それが何か分からないでは何とも仕方がないのです。それよりは、もっと簡単に、「ともかく耳を傾けて聴け」ということを知っていると、それに従ってクライエントの話を聴くでしょう。ふつうだったら何か言いたくなるところを辛抱して、ずっと話を聴いていると、クライエントはいろいろと話したあげく、終わりには自分から「離婚するのはやめにします」と言い出すことも多いのです。つまり、このような場合は、いつでも通用する「最善のことをせよ」という法則よりは、「ともかく聴きなさい」という教えの方が実際の役に立ったのです。このような意味で、われわれカウンセリングをするものは、基本的には何にもとらわれず最善のことをすればよいという姿勢をもちながら、具体的には、一見馬鹿らしくみえるようなこと、たとえば「なるべく環境に働きかけないこと」とか、「ともかく聴くこと」などということを覚えてゆかねばならないのです。カウンセリングの勉強として、このような具体的なことを一つ一つ覚えてゆきながら、また反面において、それらを破ってでも基本姿勢に帰るような心がまえを失ってしまっては、細かい技術にとらわれて、最も大切なことを忘れてしまうことにもなりかねないのです。

第二章　カウンセリングの過程

第一節　カウンセリングの過程

カウンセリングを始めてから終わりまで、どんな過程が生じるかということを簡単に話そうと思います。これは事例をあげた方が分かりやすいと思いますので、簡単な事例をあげて話すことにします。

ところで事例をあげるとなりますと、たくさんのケースにあたってきたカウンセラーでも、他人に説明するための事例としては、同じ事例をあげることが多いものです。これは、典型的な事例というものは非常に少ないということを反映しているように思います。これからあげます例も、その少ない典型的な事例のひとつですが、これを聞かされる方の人は、どのような事例もそのようにうまくゆくような気がしてきます。ところが自分が実際にやってみると、先生から聞いたようにはうまくいかない。そこで気の弱い人は自分はだめだと思うし、気の強い人は、先生は嘘を言ってたのではないかとさえ思います。このようなことが起こるのは、実は典型的な事例が少ないということを知らないためだと思います。さて、このことを頭にいれておいて、次の事例を聞いていただきたいと思います。

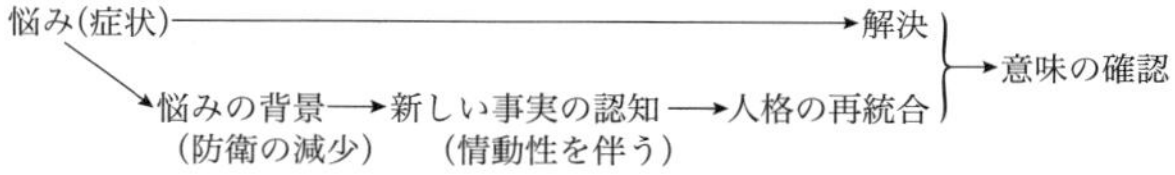

図1　カウンセリングの過程

1　対人恐怖症の事例

これは診断名をつけるならば、対人恐怖症の事例ということができます。簡単に話をしますが、クライエントは女子大学生で、人が恐《こわ》い、人に会いたくない、このため外に出られず、もちろん学校へも行けないと訴えてきました。そして、この人は、地震が起こるような気がして、部屋から飛び出そうとするが、それが錯覚であることが分かって思いとどまるということを、日に何度もくり返し経験するとも言いました。この場合、われわれはクライエントが、そのような悩みをもっているとか、そういう問題をもっているとか言いますし、医者であるならば、対人恐怖症の症状をもった人が来たと言います。

ここで、クライエントの目的は何かといいますと、悩みを解消する、問題を解決する、あるいは症状がなくなってしまうということであります(図1参照)。そこで、このような人の場合、自分の症状や悩みをひと通り話してしまうと、必ずといってよいほど、「どうしたらよろしいでしょうか」とたずねます。これは、自分の悩みを説明して、先生に名案を教えてもらい、それによって問題が解決することをクライエントが希望していることをはっきりと示しています。クライエントは一刻も早く悩みを解消したいと願っているのです。ところが、カウンセラーはむしろ、背景にある可能性に注目していると前章に述べましたが、われわれの態度としては、話をまだ聴いてゆこう。もっと話を聴こうということになります。クライエントは早く解決策が知りたいのに、こちらがまだ聴く態度をとっていますと、面白いことにほとんどの人がいろいろな話を始めます。このとき、クライエントとしては、悩みを話してカウンセラーの忠告を得、それに従い解決すると、最初に思っていたのと少し道筋がずれて、悩みの背景をなしている事柄へと知らぬ間に話を発展させていくことになります。カウンセラーから質問するのではなくて、クライエントが話をすすめるのです。

たとえば、この女子学生の場合ですと、外へ出られない、人が恐いという話をしていましたが、自分がどういう家庭に育ったとか、大学へどのようなつもりで勉強に来たのかなどと話し始めます。このように悩みの背景へと話が発展してゆくときに、われわれがそれに耳を傾けていると、ますます話がすすみ、実は自分は人が恐いと思っていたけれども、男子の学生が恐いことが分かったと言います。つまり、ここで新しい事実が認められてきたのです。自分の横に座っている男子学生たちを男性として見るということは、自分にとっていやらしい感じがする。同級生として一緒に勉強している人だという気持ちではなく、異性として考えることはいやらしい感じがするというのです。このように話をしながら、情動性をともなって新しい認知が始まるのです。この時に、クライエントのなかには今までおさえにおさえてきた感情が表出されるのにともなって、涙をとめることのできない人もたくさんあります。

さて、この学生は男子の学生が恐いのだということ、自分は高校時代はむしろ男性とよくつき合っていたのだが、それは異性としてつき合うのではなく仲間として一緒に行動していたのだということを話します。これらのことをいろいろと話してしまった後で、五回目に来たときは、「先生に申し上げたことは、みんな嘘になってしまった」と言うのです。どういうことになったかを聞いてみますと、この頃は平気で学校にも行っているし、地震も起こらなくなった、しかも学校で一人の話し相手ができて、その話し相手は男性です、というわけです。学校へ行けなくて困っていた人が、カウンセリングをつづけているうちに、新しい気持ちをもって学校へ出ていけるようになる。そして、一人の新しい異性の友人を得た。このように状況が変わってくると、実際には最初の問題が解決していて、この人はもう対人恐怖症でもないし、地震が起こることを恐れることもない。つまり、症状はなくなってしまっているのです。

ここでカウンセリングは終わりとなるのですが、もう一度全体の流れについて考えてみますと、このクライエントは初め症状に悩まされていたが、カウンセリングによって、単に症状がなくなったということ以上の仕事をしていると考えることができます。つまり、一人の女子学生として異性の問題を拒否して、そういうことを受けいれないでおこうとした人が、それに直面してゆき、自分にもそういう気持ちのあることを認め、男子の友人を得て生きてゆこうとする生き方を見出してきた。これは、今までの人格に対して、新しい認知を加えて、より高い次元での人格の再統合が行なわれたということができます。クライエントが初めに希望していたように、「悩みを解消する方法を教えてもらって、すぐに解決する」のと異なって、むしろ、自分の人格の発展に関する問題、悩みの背景にある可能性をひき出してきて、それによって人格の再統合をやりとげたといってよいと思います。

これで、このカウンセリングの過程は終わりなのですが、実は、私はこのあと少しつけ足したいと思うことがあります。それはこのクライエントに対して、あなたは人が恐くて困っていたが、私と話し合っているうちにそれがなくなって学校へ行くようになった、ということだけをしたのではなく、本当の仕事は、あなたの異性に対する態度の変革、あるいは一人の女性として生きてゆく生き方の発見というふうなことをしたのですよ、と話し合いたい。つまり、成しとげた仕事を確認するといいますか、あるいは悩みの意味の確認とでもいいたいことができると嬉しいと思うのです。

この学生の場合は早く治ってしまって、こちらが意味を確認しようと思っているうちに来なくなり、無理に押しつけることは意味がないしと、はっきりとした意味の確認をしないままで終わりました。ところが、この学生から礼状がきて、先生のところへ行くと非常に早く問題が解決して嬉しかったが、今から思うと嘘のようで、どうしてあんなおかしい問題が起こったのかふしぎに思っている、と書いてありました。私はそこで返事を出しましたが、先に述べたような意味の確認をするのはまだ時期が早いように思いました。そこまで言ってしまうと、下手をするとこの学生をおびやかすことになるだけかもしれないと思い、「あなたはふしぎに思っておられるけれど、人生の問題は非常に変に思えることでも意味のあることが多いと思います。今度のことも深い意味をもっているのだろうと思うのです。だから、地震を起こしてまでも、あなたの心のなかに生まれ出てこようとしたのは何であったかを私は考えつづけています」という返事を出したのです。これは意味の確認の仕事を、いわば宿題としてクライエントの心に残すことによって、カウンセリングを終わったということができます。

この場合のように、実際にはいろいろな終わり方がありますが、カウンセリングをしていまして、最後の意味の確認まで成しとげて別れる場合が、私としては一番気持ちよく感じます。

2　クライエントの期待しているもの

さて、このようにカウンセリングの過程の話をしてしまいますと、カウンセリングの話というのは、これだけで終わりだという言い方もできるわけです。もうこれ以上お話しすることはないということになりかねないのですが、実際はカウンセリングについて話さねばならぬことはたくさんあります。それは、たとえばここに簡単に示しました「悩みの背景↓新しい認知」ということでも、その間に非常にむずかしい細かい段階があります。あるいは、進んだり退いたりということもあります。だから、カウンセリングの話も、言ってしまえばこれだけだとも言えますが、これからはだんだんと細かいことを話してゆこうと思います。しかし、今回で全部は言えませんので、今はこの過程の初めの方に重点をおいて話をします。終結の問題については、後の機会に述べることにしましょう。

第一に考えなければならないことは、われわれのところにやって来るとき、クライエントが期待していることとカウンセラーがねらいとしていることには、くい違いがあるということです。クライエントは人格の変化というようなことは考えていなくて、ともかく一刻も早く治りたい、悩みを解消したいと思っています。たとえば対人恐怖で外出できない人であれば、まじないでも何でもよいから、明日から外へ出るようになりたいと思っています。ところがすでに述べてきたように、カウンセラーは直接的な解決策のないことを知っているからこそ、悩みの背景の方へまわろうとします。実際には、カウンセラーが聴く態度をとっているとクライエント自身が、その道へと進んでゆくのですが、これはクライエントの最初の期待とは異なる道に行っているのです。このことをカウンセラーはよく知っていなければなりません。そうでないと、クライエントが、そのずれを大きく感じてしまって、次には来談しなくなることがあります。クライエントの気持ちとしては、せっかく早く治る方法を見つけたいと思っているのに、カウンセラーは話を聴いてばかりで、何も言わない。そこで、「この人は自信がないのだろうか」「力が足らないのではないか」とまで考え出して、頼りなく思い来談を中止してしまうのです。このようなことがあることを知っていると、カウンセラーとしては必要な場合には、このくい違いについてクライエントと話し合うことになります。これはクライエントの態度をみているとよく分かりますが、何か不満そうであったり、話がすすまなかったり、何度も質問をなげかけてきたり、あるいは、二度目に来るときにおくれてきたりします。こんなときは、「何か不満な感じがするのでしょうか」とか、二度目におくれてきた人に対しては、「この前お話し合いしたとき、何かお感じになられましたか」などと言ってみて、クライエントが、先に述べたような不満を述べたときは、それを受けいれ、そのようなずれが生じることについて適当な説明をする必要があります。

ところが、一般にはこのような説明をする必要はあまりありません。たとえば、先に事例としてあげた場合のように、こちらが聴く態度を示していると、家庭の状況や、男子学生に対する気持ちなどを話し始めて、クライエント自らが知らず知らずのうちに、カウンセリングの軌道に乗ってきています。このように軌道に乗ってきた人にながながと説明をする必要はありません。なぜかといいますと、現在そこで行なわれていることによって、クライエントは体験的にカウンセリングの目的について分かり始めているからです。こういう人には、話をずっと聴いていて、終わりになってから、「あなたの問題はむずかしい問題で私もすぐにはお答えできません。しかし、二人でこのように話し合ってゆくことによって問題を解決できると思いますので、次からも話し合いをつづけるために来られませんか」といったようなことを伝えると、ほとんどの人が次に来ることを約束してくれます。実際、このような説明は少なければ少ないほどよろしい。言葉の説明でなく体験的に分からせる方がはるかにいいのですから。それに、下手に説明しようとする人は、知らず知らずのうちにカウンセラー自身を防衛するために、説明を用いるようなことにもなりかねないので、注意すべきだと思います。

二度目の面接におくれて来た人に初回の印象をたずねてみて、「私は早く治りたい一心で話をしているのに、先生はただ聴いておられるばかりで拍子抜けがしたようだった」とクライエントが答えた場合、すぐに、「カウンセリングというものは……」と説明するのはよくありません。いくら熱心に話をしても、このクライエントは、カウンセラーが自己弁護しているとさえ感じるでしょう。この場合は、まず、クライエントの抱いている不満感を受けいれることが大切です。このようにクライエントの不満を率直に認め、受けいれると、カウンセリングということがどんなものかは、はっきりと分からないまでも、ともかく、このカウンセラーは自分自身にとっていやなことでも、話をすると分かってくれるということ、あるいは、どんなことでも真剣に聴いてくれる人だということを頼りにして、クライエントは来談をつづけ、それによってカウンセリングが進展するということもあるのです。しかし、知的な説明を必要とする人もあります。このようなクライエントは、ある程度知的な理解が存在しないと、物事をすることに不安を感じたり、興味を失ったりする人で、このような人に対しては、知的な説明を与えることが役立ちます。結局、説明を与えるにしろ、与えないにしろ、常にクライエントの状態に従っていくことが大切であると思います。

3 カウンセリングによって起こる恐怖感・不安感

次に、カウンセリングを受けることによってクライエントの心のなかに生じる恐怖感や不安感について述べたいと思います。

悩みの背景へと向かい、情動性をともなう新しい認知を行なうと簡単に述べましたが、このような体験はほとんどのクライエントの心のなかに、一種の不安感や恐怖感をひき起こすことが多いのです。それは、先の女子学生の例で考えてみますと、自分としては男子の学生を異性として意識せず今までのように勉強ばかりしておればよいのですが、自分の心の底には男子学生を異性として見ようとする心の動きのあることを認めることは、一種の恐ろしさを感ぜしめる。これを認めると、次にどうすればよいのか、あるいは、こんなことを認めると自分が軽薄な女性と思われないだろうか、という不安も起こってくる。その不安感に打ち克ちながら話をして、この女性は発展を成しとげてゆくのです。つまり、新しい認知は発展のために望ましい、必要なことですが、そのようなことは他人のいうことであって、本人にとっては、まず不安感や恐怖感を感じる方が先立つものと思います。たとえば、クライエントが「私はお父さんが大嫌いです」と言い、しまいには「あんなお父さんは死んでしまった方がいいくらいだ」とさえ言うとき、このように言ってしまったということは、クライエントにとって何とも言えぬ気持ちにおちいることになります。このときのクライエントの気持ちは複雑です。今まで誰にも言えなかった自分の本音を聴いてもらったという嬉しさと、言わなくてもいいことを言ったのではないかという不安と、その両方を体験します。このことを知らず、ややもするとカウンセラーが新しい事柄が出てきたことを手放しで喜びすぎると、クライエントの感じている不安感を見逃してしまうことになります。だから、クライエントが何かを言いかけてはやめたり、なかなか言い出せなかったりするとき、そういう態度をカウンセラーは、むしろ尊重していこうとします。クライエントの心の動きを尊重して、それに歩調を合わせるのです。このため、初めに簡単に示したような、悩み↓悩みの背景という過程が生じるまでに、数回面接を重ねることが必要な場合もあります。あるいは、せっかく背景の方に話がすすんだと思っていると、またもとの症状の訴えに話がもどってしまうこともあります。カウンセラーとしては、今述べたように、クライエントが新しい認知に向かうときに感ずる不安や、つらさをよく知っているので、このような動きにもついてゆくことができるのです。

クライエントが今まで用いていた自我防衛を少し弱めて、新しい認知に向かってゆくとき、カウンセリングの過程としては進展を示しているのに、症状はかえって悪化することを、しばしば経験します。初めにあげた例は簡単だったので、このようなことはありませんでしたが、これがむずかしい例の場合は、カウンセラーに心の深い問題をうち明けたため、かえって恐さが増してきて、今まで学校へは行けなかったが買物などには外出していたのに、それもできなくなってしまって、症状が前よりひどくなることがあります。これはカウンセリングに限らず遊戯療法の場合にもよくあることで、クライエントの母親から、「ここへ治療を受けに来るようになって、かえって悪くなりました」などと言われることがあります。しかし、この場合、症状は悪化しても、内的にはむしろカウンセリングが進展しつつあることをカウンセラーがよく知っているときは、クライエントのより悪くなったという嘆きを深く受けいれることができます。

実際、クライエントがやって来て座るとすぐに、「先生、前よりもひどくなりました」と言った場合、それを正面から受けとめることは、初めのうちはなかなかできないものです。口先で応答していても生返事になってしまうことが多いものです。そして、実はこういうところで、カウンセラーとクライエントの関係が深まったり、深まらなかったりしてゆくのです。つまり、「悪くなった」ということはカウンセラーにとっては、やはり残念なことですが、それを正面から受けいれるときに、両者の関係が深まってゆくのです。

このような場合、人の悪い見方をすると、クライエントはカウンセラーの態度をためしているのではないかとさえ思われるときがあります。たとえば、対人恐怖で外出するのがむずかしい人にカウンセリングをしていると、「先週は調子が悪くなって、結局一歩も外へ出られませんでした」と言う。それはたいへんつらかったことだろうと話をつづけて聴いていますと、「きのう、買物に行ったとき……」などと話し始めることがよくあります。一歩も外出できないといって、実際には買物に行ってるではないか、ということになりますが、これはクライエントは別に嘘を言っているのではないのです。一歩も外へ出られない、調子が悪くなった、ということは、クライエントが今つらい仕事をやり抜いている、認識したくないことを認識してゆこうとしているつらさ、このつらさを、「先生、分かってください」あるいは、「先生も共にしてください」と言っているのだと思います。

そこで、このクライエントが「調子が悪くなった」「一歩も外出できない」と訴えたとき、カウンセラーがそれを正面から受けいれられるかどうかが大切になってきます。このときカウンセラーが、ごまかさずに受けとめると、「先生も分かってくれている」と思い、そのうちに買物に行った話などがでてくるのです。ところが、このときに生返事をしたり、受けとめなかったりすると、クライエントは先にすすめなくなってしまいます。これは、まるでクライエントが「悪くなりました」と言うことによって、カウンセラーの力量を試しているような感じさえ受けるのです。もちろん、クライエントは、意識して試しているわけではありませんが、ともかく、一歩も外出できないことと、買物に行ったということは外的には矛盾しておりますが、内的にその心の流れをみると矛盾していないことが分かると思います。

こういう点からいっても、カウンセラーになる人は、できるだけカウンセリングを受けてほしいと思います。自分がクライエントになったときに感じる苦しみやつらさ、それがカウンセラーに分かっているのかなと思いつつも、それを直接的に聞きにくい心の動き、これらを自らも体験しますと、クライエントの気持ちもよく分かりますし、クライエントの何気ない行動や言葉の裏に、深い意味がひそんでいることを見出すこともできやすくなるのです。

カウンセリングの終結に関しては、いろいろ問題も多いので、章をあらためて述べることにして、まず、最初の面接について考えてみたいと思います。

第二節　最初の面接

1　時間に余裕をもたせる

クライエントとカウンセラーが最初に会う初回面接は、いろいろな点で非常に大切です。このため、私は原則として、初めての人に会うときは約束した時間以上に、少なくとも一時間は余裕をあけてあります。つまり、どのような事情で時間を延長したり、その他の処置を必要としたりすることが生じるか分からないので、その点を考慮して時間の余裕をみてあるのです。ともかく、この一回の面接の間に、カウンセラーもクライエントも今後の歩みを共にしてゆこうということを決意するのですから、相当な慎重さをもって会わねばならないのも当然です。

特に、日本人のクライエントの場合、相談を受けにゆくとき、相談を受けてくれる人は全力をあげて自分のために尽くしてくれるはずだ、だから、時間も何時間かかってもかまわないといったことを、暗々裡《あんあんり》に期待していることが多い。それに、ほとんどのクライエントはカウンセラーに一度会って、くわしい話をすると適切な助言をもらって治るものと思っている人が多いのですから、ますます時間を一時間に制限することがむずかしいときがあります。このような人の場合、時間を一時間で切ってしまうと、いくら来週もお会いしますと言っても、「この先生は熱心ではない」「自分のことを考えてくれない」と思ってしまって、うまくゆかなくなることが多いのです。そこで、初回には時間を延長してでもクライエントの納得がゆくまで話を聴くことになりますが、それにつづけてカウンセリングをする場合は、「今日は初めてですから、お話をくわしく聴きたくて長時間になりましたが、来週からは時間を一時間に決めますから、どうか時間を厳守してください」といったことを明らかにしておきます。そうしないと、クライエントがいつでも時間延長できると思い込むときがあり、そんなときは後でめんどうなことになるからです。

2　カウンセリングが可能かどうかの判断

最初の面接において大切なことは、その回の面接中にカウンセラーは今後カウンセリングをつづけていこうとする決定を下さねばならないことです。たとえば、面接してもなかなか話をしてくれない人とか、つじつまの合わない話をながながとつづける人などを相手にすると、一体このような人にカウンセリングはできるだろうかと疑問に思えてくる。相手の言うことに耳を傾けていると、カウンセリングの過程が生じてくるといっても、クライエントが黙っていたり、症状の訴えをくり返してばかりなどすると、「こんなことでいいのだろうか」とカウンセラーは思えてきて、耳を傾けていられなくなってきます。そして、ともかく一回目の面接が終わったとき、「来週もおいでください」と言うならば、それは、カウンセラーがカウンセリングを続行することを決意した、あるいはカウンセリングができると判断したことを意味します。つまり、ここに診断の問題が関係してきます。診断という言葉を避けるにしても、ともかくカウンセラーはひとつの「判断」を下さねばならないのです。自分はクライエントに強制はしない、「よかったらおいでください」と言って、後はクライエント自身の判断にまかせているという人があるとしても、それでもクライエントが来る限りは自分も会ってゆく決意がなされています。いってみれば、自分のところに来るのが意味があると判断を下しているのです。たとえば、精神病の患者であれば、これはまず精神科に紹介すべきで、それに対して「よかったらおいでください」とすましているわけにはいきません。

この際、われわれとしては初回の面接において、クライエントが精神分裂病〔統合失調症…編者注〕であるとか、躁うつ病であるとか診断をつけることはできなくても、この人はともかく精神科医に一度みてもらうのがよいという程度の判断が下せなければなりません。このような点を考えると、最初の面接は非常にむずかしいものとなります。それはカウンセリングにおいて耳を傾けて聴くことが大切であることを強調しましたが、あまりにもそのような態度になりすぎると、クライエントを客観的にみることができなくなります。先にも言いましたとおり、カウンセリングが可能かどうかを客観的に判断をする能力がくもってくるのです。そこで、判断を下そうとする態度が強くなりすぎると、カウンセラーが、「あなたの親類に精神病の人がおりますか」などと質問することが多くなってきて、クライエントが内的な世界をうち割って話してくれることがむずかしくなってきます。こういうジレンマを強く感じさせられることが、初回面接では生じてくることがあるのです。

このような困難を避けるために、最初の面接はインテーク面接といって、カウンセリングが可能かどうか、どのような治療が必要かの判断をするための面接をし、ベテランの人が担当する。そして、その後でカウンセリングをするときまったときは、他の人がカウンセリングを担当するという方法を用いることがあります。この方法もやはり一長一短ですが、われわれとしてはこのような方法がとれず、ひとりでインテーク面接もし、カウンセリングもしなければならないことが多いわけですから、今まで述べてきたような点を考慮しながら、慎重に最初の面接を行なわねばなりません。そして実際には、一回で判断が下せず、つづけて会いながら考えてゆく場合もあります。一回目に確実な判断を下してしまわねばならないことはありませんので、もう少し様子をみてみようと思いつつ面接をつづけるわけです。ところが、一回目の面接でどうしても判断を下さねばならぬときもあります。このときは、どうしても私の態度は判断を下すための見方が強くなってきて、耳を傾けて聴く態度とは少し異なってきますし、ときには心理テストをしたりすることにもなってきます。そのときの事情によって、自分の態度を変えてゆかねばなりません。

初回面接の際に、このクライエントは精神科医に一度紹介する方がいいと分かったときは、クライエントの心をあまり傷つけることなく、そして精神科医に対する無用な不安や恐れなどをもたせないようにして、医師の診療を受けるようにしなければなりません。簡単に、「あなたは精神科に行くべきです」と言っても、クライエントはなかなか行くものではありません。ともかく今の状態では、一度精神科医に診てもらうのが一番よい方法であること、精神科医をそれほど恐がることはないこと、精神科医に診断してもらってカウンセリングが必要、あるいはカウンセリングを受ける方が望ましいということであれば、いつでも自分は喜んで会うことなどを説明してあげることが大切です。私の経験でいいますと、今まで相当多くの人を精神科医に紹介しましたが、行かなかったクライエントは一人もありません。やはり、カウンセラー自身が、クライエントの幸福のためには、今は精神科医のところに行くのが最善の道であるということを、確実に判断していることが大切と思います。その力に支えられて、クライエントもあまり不安や抵抗を感じずに行ってくれるのだと思います。このような面接をしているときは、カウンセラーは可能性の世界を発掘するという本来の仕事とは異なることをしています。最後の章にまとめて話しますが、カウンセラーの実際の仕事は幅の広いもので、状況に応じて、自分の態度や目標を変えてゆくことを常に考えていなければなりません。

　以上の点を考慮しながら、初回面接を行ない、カウンセラーとしても今後カウンセリングをつづけてゆこうとする判断を下すわけですが、面接しながら、「この人のために何か役に立てる」あるいは「よし、やってみよう」という気持ちが心のなかにわいてくるかどうかが大切です。全然そのような気持ちがわかないのに、漫然と「よかったら次も来てください」と言うのはよくありません。これを極端に表現して、クライエントのどこか好きなところがなかったら、カウンセリングをしない方がいいとさえ言う人もあります。「どこか好きなところ」とは含みのある言い方で、全面的に好きというのではなく、たとえ嫌いに思っても、そこにどこか好きな面があるということで、これはすなわち、どこか発展をしてゆくべき可能性の存在を予感するということになるかもしれません。ともかく、とりたてて説明しなくとも、一回目に会って話を聴いているうちに、二人で何かひとつの仕事をやり抜いていこうという気持ちが生じてくると、カウンセリングの過程が起こりやすいといえます。

第三節　動機づけのないクライエント

カウンセリングにおいて大きい問題となることは、動機づけのないクライエントが来た場合にはどうするかということです。特に学校や会社内でカウンセラーをしておられる方は、クライエント自身はカウンセリングを受ける気持ちがないのに、上役や担任の先生から言われてやってくる人に会わねばならぬことが多いと思います。さて、この問題は原則的にいいますと、動機づけのない、カウンセリングを受ける気持ちのない人にカウンセリングをすることはむずかしいことだといわねばなりません。あるいは、カウンセリングを受ける気持ちのない人にカウンセリングはできないというべきかもしれません。

1　拒否的態度の人

ところで、「カウンセリングを受ける気持ちのない人」という表現は、よく考えてみると問題を含んでいます。なぜかといいますと、われわれカウンセラーはクライエントの背後の可能性に注目しているのだということを強調してきました。そうすると表面的には「カウンセリングを受けたくない」と言う人でも、可能性として「受けてみよう」という気持ちが存在しているかもしれません。事実、カウンセリングは嫌いだと言っている人でも、会ってみると、その心の底にはカウンセリングを受けて立ち上がってゆこうとする心の動きが認められることも多いのです。その人が表面でどのように反応しようとも、われわれはその心の底にある可能性に注目しているのだと思うと、問題なくカウンセリングを続行できることが多いのです。

私のところに来た中学生や高校生で、自分から自発的に来たのは一人だけで、あとは皆誰かに言われたり強制されたりして来た人ばかりです。いやがるのを両親に腕をつかまれてきた中学生、部屋にはいるとすぐ椅子をうしろ向きにして座った高校生、「先生が言いたいことがあればいくらでも言ってください。私の方からは何も言うことはありません」と最初に切り口上を述べた高校生など、ほとんどの人が抵抗を示しましたが、結局は問題なくカウンセリングができたのです。これは、むしろ拒否的な態度を示す人の方がかえって容易だとさえいえます。つまり、それほど強く反対しなければならない人ほど、内的には逆にカウンセリングを受けようとする心の動きが潜在的に存在していると考えられるのです。それで、相当拒否的で、ときにはカウンセラーに対して攻撃的な人でも、それを受けいれておりますと、だんだんと悩みを話し始めたりして態度が変わってくるものです。

これは初回の面接の問題とも関連してくることですが、最初に会ったときに、クライエントに何かその心を開かせるような、カウンセラーが可能性の世界に注目している人間であることを感じさせるようなことは大切なことです。ふつう一般の人であると、うしろを向いて座ったりすると、「こちらを向きなさい」と叱ったりする。あるいは「何も言うことはありません」といって拒否的なクライエントに、いろいろ聴きただしてゆこうとする。ところが、われわれは「何も話をしたくないのですね」と言ったり、「ずいぶん腹を立てておられますね」と言ったりしてあせらずにクライエントの気持ちをまず受けいれようとします。そのときに、クライエントは自分が向かっている人が常識の代弁者でもなく、社会的道徳をおしつけようとする人でもないこと、自分でさえも気づかずにいる心の奥深い可能性の世界に焦点をあてている人であることを、何となく悟るのだと思います。

拒否的態度が前面に出ているのは、むしろいいのですが、動機づけがあるのかないのか分からない、拒否的でもないが自主的に来るのでもないという場合の方がむずかしいと思います。親や上役が行けと言えば来る。しかし自分から来る気はない。それで拒否的でもなく、何となく雑談のような話をするという類のクライエントは、なかなかカウンセリングが困難で、カウンセラーとしては相当慎重に考えて、引き受けるかどうかを判断しなければなりません。

2　「自分で解決したい」という人

次に、自分に問題や悩みのあることははっきりと認めるけれど、カウンセリングは受けたくないという人があります。「自分の問題は自分で解決したい。人の世話になりたくないので、カウンセリングはお断りする」と言う人もあります。こんな場合、カウンセリングはクライエントの自主性を重んじ、本人の立ち上がる力を頼りとするものであることが分かると、カウンセリングに対する誤解がとけて、受けたいと思う人もあります。しかし、なかにはカウンセリングのことを説明しても、やはり自分だけで問題を解決したいので、と言う人もあります。このような場合、やはりカウンセリングは原則として強制できるものではありませんから、クライエントの考えにまかせるより仕方がありません。

ここでクライエントの考えにまかせてしまうのは危ないような気がしますが、相手を信じてまかせてしまうとうまくゆくときもあります。特に発達の途上にある中学生や高校生では、案外自分の力でやり抜いてゆくこともあり、なかには一年ほどたってから問題が解決したことをわざわざ報告にきてくれた例もあります。カウンセリングを始めたばかりのときは、誰でもクライエントを引っぱりこみたいような気持ちがあるもので、クライエントの気持ちを無視して、つづけようとして失敗することがあります。

原則としてはクライエントの意志にまかせるべきだと思いながらも、どうしてもそれではすませない場合があります。それはクライエントが自分が解決するといっていても、それができそうもないと感じられるし、その上、無理に引っぱってきてでもカウンセリングすることによって、自分が役に立てるのではないか、あるいは、そうしなくてはならないという気持ちが強く起こってくるときがあります。こんなときは原則を破って強制的につづけても成功するときがあります。たとえば、自分が結核ではないか癌ではないかと危惧しながら医者に行くのをいやがっているとき、友人が無理やりに引っぱって連れていってくれるとき、それに抵抗しながら心の片すみでは感謝しているようなことがあります。それと同じようなことがカウンセリングでも生じるわけです。自分で解決する、相談はしないと言いながら、「絶対に相談に来なさい」と強く言われると、むしろその強い力に支えられて、自我防衛が減少し、発展の可能性が生じてくるのです。もちろん、こちらが強制してカウンセリングをつづけるときは、結局いつかはクライエントの自主性に頼っていくように変えてゆかねばならないのです。強制しておいて、クライエントがカウンセラーに依存的になってくるのを、そのままにしておくようでは意味がありません。

動機づけのないクライエントについて、要約して述べますと、カウンセリングを受ける気持ちのない人にカウンセリングをするのはむずかしいことだが、クライエントの表面的な行動や言語にのみ頼ることなく、可能性をひき出すつもりでいれば、表面上は拒否的に見える人でも、カウンセリング可能なことは多いのだということができます。

今のことを裏がえしていいますと、カウンセリングを受けたい、何とかして自分の悩みの解消をしたいと言ってくる人でも、心の底には、カウンセリングを受けたくない、悩みを解決したくないという心の動きも存在しているといえます。実際、すべてのノイローゼの人は治りたい治りたいと言いながら、治るのを欲していないといいたいくらいです。こんな点から、私は表面上の動機づけのあるなしは、カウンセリングの困難さとあまり関係ないとさえ思っているくらいです。

3　明らかに問題解決が望めない場合

ここで少し話題を変えて、問題の解決が有りえないことが初めから明白な場合のカウンセリングについて、少し考えてみたいと思います。

たとえば知的障害の子の母親に会う場合、その子どもの知的障害という問題は解決しないかもしれません。あるいは交通事故で手を失い、職業を変えねばならない人と話し合うとき、カウンセラーがいかに可能性に注目して話し合うとしても、失われた手が再び生じる可能性は絶対にないのです。こんな場合のカウンセリングは、問題解決のねらいが異なってきます。つまりその子を普通児にすることではなく、そのような子どもをもった母親として、その人生をいかに生きるか、どのように考えて生きてゆくのか、そういう点に注目してカウンセリングをすることになります。実はこのようなカウンセリングこそ、その本質的な仕事をしているというべきかもしれません。外的な解決が望めないことが明らかであるために、内的に深い仕事ができると考えられます。しかし、これはもちろん困難な仕事です。

知的障害の子をもった母親に耳を傾ける態度で接してゆきますと、まず、そのような子どもをもったつらさ、恨みなどが語られます。それになおも耳を傾けていますと、そのうちに、このような子どもをもったことによって得た幸福、あるいは知的障害の子をもった親のみが知りうる嬉しさの体験などが話され、ついには、あのような子をもったことを感謝するとさえいわれます。カウンセラーとしてこのような話を聞きますと、他人からみれば不幸と思われることのなかに、幸福を見出してゆくすばらしさに感動させられるのです。しかし、ここで感動のあまり、「このクライエントは人格の変容をとげて幸福な人になってしまった」と思いこむのは、少し気が早い。この時点でカウンセリングを終わっていれば分からないかもしれませんが、もう少しつづけてゆきますと、この母親が「なぜ、わたしはあんな子どもをもったのだろう」と同じ嘆きをくり返されることを経験することでしょう。

人間の悩みは簡単に解決して「はい、おしまい」というものは少ないのです。ましてや、自分の子どもが知的障害であることの悩みがそれほど簡単に消え去るはずはありません。もちろん、カウンセリングの体験を通じて出てきた洞察は深い意味をもっています。たしかに、その体験を通じて、この人は自分の不幸のなかに輝きを見出すことを知ったのです。しかし、それでもなお、「うちの子どもは何とかして普通の子にならないだろうか」「わたしはどうして、こんな子どもをもったのか」という思いはまったく消え去ってしまったのではないのです。むしろそのような思いを起点として、その人はなおいっそうの人格発展をとげてゆくのです。このことをよく知っていないと、カウンセラーはクライエントの

「洞察」に喜びすぎて、それによってクライエントがまったく変わった人になり、悩みが解消したような、ひとりよがりの錯覚を起こしてしまうことになります。

外的な解決をもたぬカウンセリングは、人間の内的本質に迫るものであるだけに、ときに洞察し、ときに悩みに逆行し、ほとんど堂々めぐりのようなことをくり返しつつ、クライエントは苦しい人格発展の道をたどることになるのですが、この苦しさが共感でき、それを共にするだけの能力と決意をもたない場合は、このようなカウンセリングは引き受けるべきではないと思います。

第三章　心の構造

第一節　自　我

今回は、少し理論的なことをカウンセリングの実際との関連のうえで話してゆきたい。つまり、ここでは、われわれが問題にしている人間の心、あるいは、人間というものがどんなものか考えてみたいと思います。

カウンセリングを受けにくる人は、たとえば、友人がないので困っているとか、学校へ行けないとか、悩みをもっています。ここでそのような悩みをもつ主体としての「私」というものは何かを考えてみたいと思います。「私」というのは何を意味しているのか非常にむずかしいことですが、とにかく出発点として、私の知っていること、つまり、私は自分の名前を知っているし、職業も知っているし、男性であることも、とにかくいろいろなことを知っている。しかし、そういう知識、いろいろなことを知っている全体、そして、知っているだけでなく感じることの全体、そういうものを考えると、それらは無秩序にあるのではなくて、ある程度統合されています。つまり、私が、たとえば天井や床を知っているだけでなく、それはどういう役割があるか、どういう関係にあるかを知っている、あるいは、机と椅子がどういう関係にあるのかも知っているし、材料が何であるか、そういう点まで細かく言うと、おどろくほどの知識を相当整理された形でもっています。その知識体系のまとまりが非常に悪くなると問題を起こす。もし机を見ても何をするものか分からなくなったり、机と椅子の関係が分からなくなるとたいへんです。そういう知識が単なる知識としてあるだけでなく、私は、そういうことを知っているし、感じるし、また、私がそれにもとづいて何かをしようとすると何かすることができる。たとえば、本を読もうとすると読むことができる、歩こうと思えば歩くことができる、そういうまとまったものがひとつの主体性をもっているといえる。その場合、一応心理学的な言葉として、「自我」ということばを使いますが、そういう「私」という人間がひとつのまとまりをもって動いているその中心、主体を一応「自我」と呼んでいます。「自我」ということばは、学者によって使い方が違うので、厳密にいうといろいろなことをいわねばなりませんが、今は、一応前述のように簡単に割りきって言ってしまいます。

1　主体性

そのように考えますと、まず自我の特性として考えられますことは、先ほど申しましたある程度の**主体性**をもっていることです。つまり、私がここで座ろうと思えば座ることができる。あるいは、立とうと思えば立ち上がれる。皆さんであれば、この講義を聴こうと思ったから聴いている、さぼろうと思えばさぼることができる。ただし、ここに「ある程度」ということをつけ加えたいのです。これは、実際「ある程度の主体性」で完全に自我が主体性をもっているとはいえない。というのは、われわれはときに自我の主体性が侵《おか》されることを体験します。最も簡単な場合では、言いまちがいが起こるとか、しまちがいが起こるとかの失敗を起こすときです。そんなときに、われわれは最初から主体的に失敗を起こそうとしたのではなくて、思わず失敗をしてしまう。つまり、自我は完全な主体性をもっているのではありません。

2 同一性

次に同一性をあげたい。つまり、私という自我は、きのうの私と今日の私は同一の私である。これも実は「ある程度」といえるかもしれません。というのは、十年前の私と今の私はまったく同一とはいいがたい。ところが、面白いことに十年前の私のしたことを、やはり「おまえのしたことだ」と皆が言うし、それに対してある程度の責任ももっている。しかし、まったく同一とは思っていない。その証拠に一番はっきりするのは、法律でいうと時効ということがあります。ある年限前にやったことは、もう罪に問われないということ、あまり長くたった場合、前の罪の責任を問わないということは、同一性に関してそれほど厳しく完全には考えていないということになります。しかし一応自我の同一性ということはいえます。

3　自分と他者の区別

次に自我は、**自分と他者の区別**、つまり、私とあなたとは違う、私と外界とは違うという区別をはっきりもっている。私が空腹のとき、誰かが食べてもおなかが一杯になるということはありません。電車と私とは同一物でないことをよく知っている。ところが、これも「ある程度」というべきかもしれません。たとえば、自分の肉親がひどいケガをした場合、われわれは自分が痛むかのように、否、自分の身体に痛みそのものを感じるときさえあります。あるいは、他人の悲しみごとを聞いて涙を流すこともあるし、他人の喜びを見て非常に嬉しく思うこともある。この場合、他人と私は違うものでありながら、他人の経験を自分のことと同じように体験することができるのです。そういう意味では完全に区別されてはいないかもしれません。

あるいは、もう少しつけ加えていいますと、私と他者とを区別するという場合、私の身体というのは、私と思っているのか、私のなかに入れているのか、外に出しているのか、これは面白いことです。これは、もちろんたいていの人は、自分の身体は自分のものだと思っているが、なかには、見ていると、自分の身体は自分のものでないかのごとくふるまう人がいます。つまり、勉強であれ、訓練であれ、一生けんめいがんばって、まるで自分の肉体をいためつけるのが当たり前のように、自分の肉体をいためつけてでも自分のやりたいことをやってゆく方が当然だという考え方でやっている人は、自分の肉体をまるで自分のものでないかのごとく扱っている気もします。あるいは、自分の肉体を非常に大切にしている人もある。どんなことがあっても食べるものは食べねばいけない、あるいは、身体を大切にしなければいけないと非常に自分の身体を大切に考えて、身体をこわすぐらいなら勉強しない方がいいと考えている人もいます。これに反して、勉強のためであれば、身体なんて問題でないという人もいる。この場合、自我といっても区別の線をどのへんに引くか、少し人によって違うと思います。

4 統合性

次に、自我はある程度の**統合性**をもっている。つまり、自我のなかにあまり矛盾がないようになっている。私は、自分が男性であるのに女性であるなんてそんな馬鹿なことを思っていない。つまり、自分の知識のなかで矛盾がないように整理している。しかし、これももちろん「ある程度」の統合性なのです。つまり、われわれは、あるとき講義に行かねばならない気持ちと行きたくない気持ちの両方を体験するときがよくある。しかし両方体験しながらどちらかを選んでゆくということ、そういう意味ではわれわれは統合性をもっているといえます。

自我について、もっと他の特徴が出せるかもしれませんが、私としてはこの四つを考えました。これは私なりに考えたことですが、興味のある人はいろんな学者の自我についての理論を読んでください。非常に大切なことは主体性、同一性、他者との区別、統合性ということにすべて「ある程度の」がつくことです。絶対的なものではありません。ところで、そういう自我をわれわれはもっている。その自我がひとりぼっちであるのではなくて、自我をとりまく環境下にある。つまり、自分の肉親、兄弟、勤め先、自分の家すべてのいろいろな外的なもののなかに自我というものがある。そこに心理学でいわれる「適応の問題」が生じてきます。

第二節　適　応

ここに、自我が環境のなかにどのように適応してゆくかという問題がでてきます。そして、いうなれば、カウンセリングにやって来る人たちというのは、その人の自我がうまく適応していない場合です。つまり、たとえば先に述べたような友人がなくて困っているということは、つまり自我が友人を見出すことができない、あるいは学校へ行けなくて困っているということは、自我には学校へ行きたいという気持ちがあっても学校へ行くという主体的なものを働かせて学校という環境のなかに自分を入れてゆけない、そういう場合に、皆カウンセリングを受けにやって来るのです。

ところが、ここで適応について話す前に、少し申し上げたいのは、人間が問題を起こす場合に環境への適応ということだけではなくて、自我、自我意識自体に非常に大きな問題が起こることがあることです。たとえば、主体性に非常な障害の生じた例としては、「作為体験」というのがあります。

1　意識の障害

作為体験というのは、つまり、私が私を動かしているのではなく、誰かに動かされていると感じる。私がここに来たのは、私が来たのではなく、宇宙のどこからか電波で「行け」という命令があり、それでここに来た、そういう体験を語る人がいます。あるいは、今、手をあげるのも自分があげたのではなく、どこからかやってくる命令に従ってあげた、これも作為体験です。あるいは、同一性をひどくこわされた人は、私は今までと全然別の人間であるという人さえある。ひどい場合には、右半分の私と左半分の私とは全然違う人間である、そして、右半分と左半分にそれぞれ違う名前をつけている人さえある。そして、右半分はよい人間ですが左半分は悪いという人もある。私がここで申し上げている例は、経験のある人なら分かりますが、大体非常にひどい精神障害の人、つまり精神分裂病〔統合失調症〕の人によく起こる体験です。ただし、今言ったようなことがあるからといってすぐに精神分裂病と診断を下せるようなものではありませんが、われわれふつうにカウンセリングをしている人間としては、いま言いましたように、非常にひどい自我意識の障害を起こしてカウンセリングを受けにくる人があれば、すぐに精神科医の人に相談をしなければなりません。

作為体験を述べる人とか、他人との区別がおかしくなって、自分が人間なのか神様なのか分からなくなる人とか、そういう人たちからわれわれが相談をうけたとき、前に触れましたように、相手を受容しておれば可能性がでてくるという単純な考えから、そのような話を受容して聴かないように、つまり、それほどの意識障害が生じた場合、われわれは精神科医に相談しなければならない。相談しなければならないということは、すぐに、そのクライエントが分裂病というのではなくて、まずわれわれの力だけではだめだということで、そこで精神科医に相談しその考えを聞かなければならない。これは何も精神科医の方がカウンセラーよりもすぐれているということを強調しているのではありません。分裂病という問題に関しては、精神科医の方がはるかに専門家として訓練されているということです。そして、分裂病の治療ができる人は、神経症の治療ができるということは意味しておりません。われわれが自分をカウンセリングの専門家であると考えるならば、その分野以外のことは、他の専門家を尊重するのが当然のことと思います。

2　現実吟味

ところで、ふつうにカウンセリングをやっている場合、それほどひどい意識障害の人でなくて、やはりある程度の主体性、同一性はもち合せているが、しかし、もうひとつうまく適応できない。できない故に軽い意味で統合性がおかされてきたりしている、そういう人たちが来談します。ここで例をあげると、父親とうまくゆかず、せっかくの大学を退学して家出しようとしている人、この人の場合、お父さんとの間の適応がうまくいっていない。ところが、その学生と私がゆっくり話をしていると、結局、お父さんはそう頑固でなかった、やはりお父さんにもよいところがあったと言い出す。こういうことを言い出すと、この人がもう一度その環境に適応することになってゆく。そういう意味で、われわれは適応してゆくためには、現実をよく知る必要があります。これを現実の吟味といいますが、われわれはまず現実をよく知ってこそ、適応できる。自我の働きとして非常に大切なことは、現実の吟味をやらねばならないということです。実際、簡単にいうと、われわれがここに来られるというのも、電車がどんなものか知っているし、道を歩いているときに乗物が来るとよけねばならないときがあることも知っているし、そのへんの現実吟味を働かせて皆生きている。

ところで、現実吟味という場合、今述べたような外的な事柄を吟味するだけでなく、自分の内的なものに対する、自分の心の内部に対する現実吟味についても考えねばならない。つまり、桜の花を見たときに、それを桜の花として認知するだけでなく、それを見て美しいと感じている自分の気持ち、それをよく知っていなければならない。また、倒れた人を見た場合、それを見ているだけではなく、気の毒にとか、痛いだろうとか、助けてあげたい、そういう気持ちがわき上がってくる。そのこともわれわれはよく知っていなければならないのです。

そうすると、先ほど述べましたように、われわれは現実吟味の力が弱いと適応できないだけではなく、実は、現実吟味の力があるために適応しにくくなることがあるのではないかということも、逆に考えられます。

たとえば、私がある会社に勤めていたとします。同僚と私がひとつのポストをめざしてどちらが先につくかという意味でライバルになる。すると、そのライバルの人が病気になった場合、「あいつが病気になったので、自分が早くあがれる」という気持ちだけであれば問題ないが、よくよく現実を吟味していると、やはり同僚が病気になったことは気の毒である、悲しいことであるという気持ちもあることが明らかになってくる。そういう気持ちがあまりに分かりすぎると、今度はその友人のことを忘れて自分が上のポストにつくということができなくなる。その場合、われわれはかわいそうだということばを口に出しはしても、本当の悲しさをなるべく知るまいという気持ちをもちます。そういう意味で、非常に矛盾しているようですが、人間は現実吟味の力がなければ適応できないという反面、現実吟味の力をあまり強くしないでおこうという働きもあるのです。

われわれは、自分自身を適応させてゆくために現実を吟味するだけでなく、吟味して生じてきたこと、あるいは、自分が認めようとしたことから少し自分を防衛する、自分の統合性あるいは主体性を生かしてゆこうとするために自分を防衛する、つまり、自我防衛が生じてきます。

第三節　自我防衛

実は、この自我防衛ということも自我にとっては非常に大切なことです。先ほども少し言いましたが、たとえば、誰かが病気をしたとき非常に気の毒だと誰もが感じます。ところが、本当にその病気をした人、あるいは本当にケガをして悩んでいる人、その悩みがそのままわれわれに伝わったとすると、われわれは生きてゆくことがむずかしいかもしれません。われわれは適当に他人の悲しみを知らないようにし、他人の悲しみに同情しないように自分を守っているのです。残念ながら、あるいは幸福にも。ところが、そういう守りの少ない人がいます。かわいそうにと思うとすぐ同情して何かしてあげる。「おい、遊びに行こうか」と誘われると、遊びに行きたがっている友だちの気持ちが分かりすぎるので、行きたくない気持ちがしても「行こうか」と一緒に行ってしまう。そうしているうちに、何だか親切でよい人でありながら、結局は損ばかりしている、あるいは損をしていることを嘆いてばかりいる、そういう人もたくさんいます。また反対に、他人の悲しみや苦しみはほとんど認知せずに、自分のやりたいことを平気でやってのけている人もたくさんいます。

1　自我防衛の意味

実際、われわれ人間が生きていて適応ということを考える場合、現実吟味や自我防衛をどの程度やり抜くかという非常にむずかしい問題に立たされている。そう考えてみると、カウンセリングを受けにやってくる人たちが悩みとして語っていることの多くは、その人が自分の自我を防衛するために、あるいは、下手に防衛するためにしているのだとさえいうことができます。

たとえば、前章にあげた例(女子学生)を思い出していただくとよく分かると思いますが、人間が恐い、学校へ行きたくて仕方ないのに人間が恐いから出られない、と言っている人は、学校へ行くと男性の学生たちがいる、その男性の学生たちがいると、自分は男性を異性として認知し始めるという何ともいえない感情を味わわねばならない。すると、今までそんなことはないと思っていたのに、あるいは、自分は異性のことなど考えずに勉強に励《はげ》もうと思っているのに、それをおびやかされることになる。そこで、結局は学校へ行かなければ全然おびやかされなくてすむということになります。つまり、自分は学校へ行きたいのだけれども、人間が恐くて学校へ行けないということは、そういう意味で下手な自我防衛を行なっているといえます。そこで、われわれがカウンセリングでねらうところは、そのような下手な自我防衛をせずに、もっと自我防衛の力を弱めて実際の現象に立ち向かってゆこうとすることを援助するわけです。

前章にあげた事例に今の理論を当てはめて考えてみると、この女子学生の自我はそれまでは相当の統合性、主体性をもって働いてきたのですが、自我を作りあげてゆくときに異性に対する感情を入れこませずに、そのことに関しては自我防衛を用いてきた。そこで、簡単にいえば、この防衛を取り除いて異性に対する感情を体験し、そして、異性に対してもっと適当な態度をとってゆけばよいのだということになりますが、実は、この防衛があるのは当然で、この防衛がなく準備のないところへ急に異性に対する感情がこの人のなかにわき上がってきたとすると、自我の統合性がおびやかされることになる。

大切なことは、この人は性的な感情を抜きにしてきたからこそ、今まで自我を発達させてくることができたということです。すると、そこに急激に性的な感情を入れこむことは、家を改造しようとしてあわてて壁を早く取り除き、そこへ急に風が吹き込んできたり雨が降ってきたりするのと同じことです。すると、それなら、今までの防衛をもっと強くするようにすれば、問題はないではないかということになりますが、事実、そういう場合も存在します。たとえば、その女子学生が相談に来たときに、私の態度はその防衛をもっと強くするような方法、つまり、「学校へ出ても、もっともっと勉強に専念したらよいのだ」

とか、「そんなに人をこわがることはない。一生けんめい勉強してえらくなりなさい」と強調すると、私の力に支えられてむしろ今まででかかっていた性的なことに対してより強い防衛を働かすことによって、対人恐怖がなくなることもある。ところが、その場合、われわれがあまり嬉しくないのは、平穏になったとしてもせっかくでてきた可能性を消してしまったということを知っているからです。

2　より高い自我への発展

この前から、カウンセリングは可能性に注意するということを強調してきました。自我が可能性に対して防衛をひいている。その防衛を弱めてだんだんその可能性を自分のなかに取り入れる。すなわち、今までの自我の統合性を少しくずしながら、もう少し新しく広い、あるいは、新しくて大きく高い次元の統合性をもった自我へと発展させていくということを、われわれはカウンセリングをするときに考えねばならない。ここで、例としてあげた女子学生がこれまではこういう性の問題を問題にせずに、皆から、はっきり主体性も同一性ももった、よい学生だと思われているような自我をもってきちんと生きてきた。ところが、今このときになって、とうとうひとつの問題が生じて対人恐怖という症状がでてきた、ということに注目したいと思います。考えてみると、何も新しいことがつけ加わらなくても今までひとりの女性として問題なかったのだから、いつまでも前の自我のままでいても誰も文句をいう人もない。しかもうまく適応してきたのだから問題がないように思えますが、そういう問題のない状態をゆさぶって、つまり統合性をおびやかしてまで新しい可能性がでてくる、そういう点に注目すると、自我、それはある程度主体性をもち、まとまっているが、それを超えて、自我の主体性を超えて、われわれの心のなかに低いものを高く、高いものをより高く進ませるような働きがあると考えざるをえません。

そのような自我を超えた心の中心をユングは**自己**(セルフ)と名づけました。ここにわざわざユングの言っている自己という概念をもち出さなくてもよいようなものですが、これによって強調したい点はわれわれが「私」という場合、私という人間は、まとまりをもった主体性をもったものだと思っているがそれはまだ十分ではない。もっともっと高くすすめるはずだ。われわれはともすればある段階でとまろうとするところを、まだ発展させよ

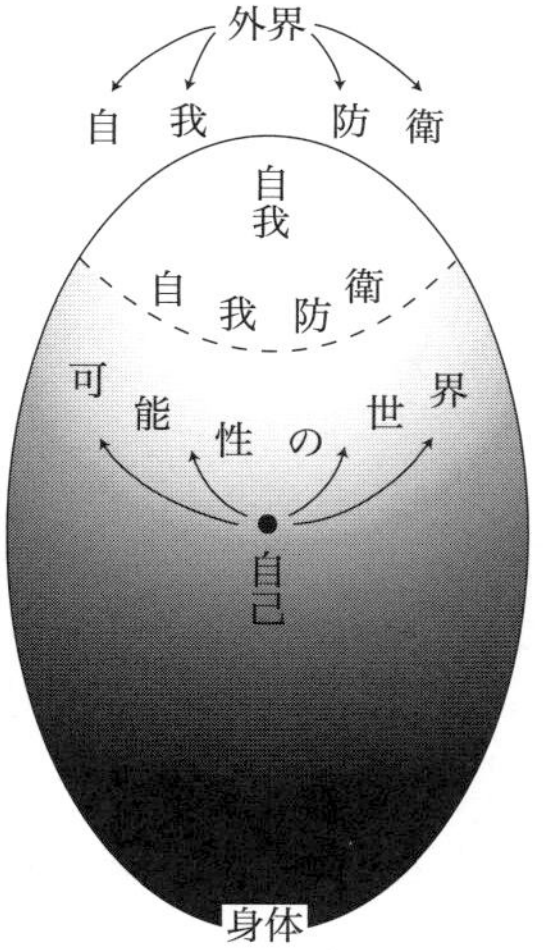

図2　心の構造

うとする主体が、心の奥深くどこかにあると考えざるをえないということです。そこで、自我と区別してわざわざ自己という概念をつくり出したのです。ユングの考えをここで詳しくは述べませんが＊、こういう考え方の嫌いな人は、別に自己という概念を用いずとも、人間の自我というものはひとつの段階で満足しない、まだまだ先へ先へと新たな発展をしていくと考えてもらってよい。そしてこの自己の働きを唯一のよりどころとして、われわれはカウンセリングを行なっているのだとさえいうことができると私は思っています。

＊　ユングの「自己」の概念について知りたい人は、拙著『ユング心理学入門』(岩波現代文庫、第七章)を参照されたい。

3　自我防衛とカウンセリングの過程

この場合、われわれが注目することは、ひとつの段階の自我が次の高い次元の自我へ発展してゆくとき、その発展というのは、必ずそのうらに危険性をもっているということです。つまり、先ほどの例でいうと、この女性が今までの自我をより高くするというときに、対人恐怖という危険なものがでてきたといえる。これは、たとえていうと、ひとつの家を作っているとき、その家を改造して大きくするためにひとつの壁を取りはらうのと同じことです。ちょうど壁をとったときに台風がくるとその家はもうつぶれてしまう。だから、ちょうど改造工事をしているときが一番危ない。ある面からいうと、誰しも、自分の自我を発展させようという気持ちと、改造工事をするような危ないことはしたくない、別にこれでよいのではないかというふたつの働きが心のなかに生じます。つまり、いつまでも古い自分でありたい気持ちと、何とかして新しい高い自我をつくり出したい気持ちのふたつの心の動きがあるのです。

このふたつの気持ちが分かっていないとカウンセリングは失敗することが多い。その非常に典型的な失敗を言いますと、これは私にも経験がありますが、まずクライエントが相談に来る、そして、「私は人が恐い」という話をする。そのときにクライエントはその話をしながらでも、自我防衛が働いているからあまり深い話をしては危ないと思っている。ところが、カウンセラーの態度がそれを受けいれて受容的になる。カウンセラーが受容的だということは、クライエントの自我防衛を弱くする働きとなる。だから、クライエントは思わず深い話をしてしまう。それをますますカウンセラーは受容するので、クライエントはますます話をする。カウンセラーとしては、一時間の面接が終わったときに、これはすごいクライエントが来た、非常に深い話をして深い問題に直面していったので、次にはどんなに発展するだろうと思って待ちうけているときに、二回目にクライエントが来なくなる。あるいは、三回、四回と深い話がつづいたのに急に中断してしまう。これは初心者のときにほとんどの人が体験していると思います。それは、クライエントはこういう話をした後で、恐くなってきているのです。言わなくてもいいことを言ってしまったというわけです。

そして非常に面白いことは、クライエントは、言わなくてもいいことを言って自分の欠点をさらけ出して恐い、だから行くのをやめようと思う人は少なくて、ほとんどの人が他の理由をみつけているのです。つまり、次に行こうと思ったが雨が降ったので行けないという簡単な場合とか、最も典型的なのは、行かなくなった原因をカウンセラーに向けている場合が多い。「どうもこの前はあれだけ私が話をしたのにカウンセラーは、あとで考えるとフンとかハーとか返事ばかりしている。あれではどうもこころもとない」とか、あるいは、「この前はすごい話をしたが、よく考えてみるとあのカウンセラーは熱心でないのではないか」とか、あるいは、「こんな私の申し上げるつまらない話をカウンセラーに一時間まではよかったが、二時間も三時間もお話しするのは気の毒なのではないか」とか、適当な理由がたくさんあって次から来なくなる。この適当な理由をうまく考えることを、われわれはクライエントの自我防衛といっています。

この場合、カウンセラーのどこに問題があったかというと、こういう新しい可能性の世界にカウンセラーとクライエントの二人の力量を超えて入りこみすぎたということです。

ここに、「可能性の世界」という表現をしましたが、可能性の世界はプラスもマイナスも含んでいる。つまり、先ほどの女子学生であれば、異性に対する関心をうまく自我のなかに取り入れてよきボーイフレンドを獲得して結婚までゆけば、これはよい可能性ですが、下手にゆけば、今まで思いもよらなかった性的なことに関心をもちすぎてボーイフレンドをたくさんつくりすぎたり、あるいは、性的な遊戯にふけったりして、今までまじめだった人がまったく堕落してしまうという可能性もあるのです。われわれがカウンセリングをする際に立ち向かう可能性は、取り上げようによってはプラスになるが、取り上げようによっては大きなマイナスになる。あるいは、むしろ古い自我にとっては、おそろしいものとして感じられている可能性であるということを忘れてはなりません。だから、われわれカウンセラーは、クライエントの自我防衛をゆるめながら、その可能性を自分のものとして消化してゆく。その場合、二人の力量を超えてまで話を出してしまってはだめなのです。

そうすると、一体どのあたりでとめるべきかという質問が起こります。受容ばかりせずに消化できる範囲でとめよというのは非常にむずかしい。大体三十分間は、フン、ハーと聞いておくが、あと三十分はやめた方がいいとはいえない。どこでとめるかがどうして分かるかというと、それは、われわれは自分自身の心の動きに忠実でなければいけない。あるいは、自分自身の心に生じるものがひとつのバロメーターとなるといってよいと思います。

たとえば、クライエントがやって来て、カウンセリングを始めるとき、そのうちにだんだんクライエントが深い話になって涙を流し、「実は、私は誰にも言っていませんが、私の父は本当の父ではありません」と言う人があります。あるいは、来ているうちに、「実は、私は大きな盗みをはたらいた。誰にも言っていませんが」と言う人もあるかもしれません。その場合、カウンセラー、ともすれば下手なカウンセラーは、それに興味をもって面白いことを言ったという気持ちになったり、これは深いところまで話をする興味のあるクライエントが来たという感じをもつ。これを少しふみはずすと、自我防衛の線を越えたところに入ってしまう。

ところがそうではなくて、われわれがもっともっとわれわれの心を自由に働かせた場合、ある人が、「自分のお父さんは本当のお父さんでない」と言って泣き始めたとき、その泣き始めている感情をわれわれが共感し、あまりにもつらい場合、私はもうそれ以上聴けなくなる。カウンセラーはそれ以上聴けなくなる。だから、ある意味からいうと、外からみていると、せっかくクライエントが言い始めた「お父さんが違う」という話を、カウンセラーがもう聴けなくなって、あたかも受容できなくなったかのようにみえますが、それは実は悪くないのです。それは、受容できなくても興味本位に聴こうと思えばいくらでも聴けます。もちろん、われわれがあまりにも興味本位になると、クライエントがそれを感じて話さなくなります。ただし、われわれが興味本位にならなくても、クライエントの話をする勢いが、つまり、防衛の壁が破れてなだれこんでくる勢いが強かったら、それはカウンセラーの態度いかんにかかわらず、深い話が出てくることになります。そういう場合、カウンセラーとしてあまりにも胸が痛むような話はとめるべきです。そうでないと、家の改造の最中に台風におそわれたような大失敗をします。あるいは、この前も話しましたが、クライエントは、自分で自我を改造して高次の自我をつくり出すということは考えていない。クライエントのめざしているところは、対人恐怖なら人が恐くないようになりたいと思っているだけで、あるいは、姑を憎んでいる人なら姑さえよくなればよいと思っているだけで、クライエントの考えている解決は直接的である。古い自我のままで症状だけよくなってほしいと思っている。ところが、カウンセラーは、どうしてもあなたの古い自我を改変しなければならないという仕事を始めるわけです。

するとカウンセリングのねらいは、あくまでも可能性に注目しているといったが、可能性の方が、プラスもマイナスも含んでいてあまりにも力強くて、クライエントの自我が耐えきれぬときは大変なことになってしまいます。そこで、このように感じた場合には、われわれは少し可能性の発展をとめる方に力をそそがねばならないときさえある。言い換えると、カウンセリングのそもそものねらいとむしろ逆のようなことをカウンセラーはしなければならない。これは、しばらく可能性の発展をとどめて、自我が少しずつ強くなって新しい可能性を受けとめる力がでてくるまで待たねばならないということになります。

このことは、またあとでまとめて言いたいと思いますが、カウンセリングの本来のねらいとカウンセラーが実際にいつもしていることとの間に差がでてくる。つまり、実際私がカウンセラーとしてひとりの人に向かった場合、目標に向かって直進ばかりしておられない。真のねらいに向かうまでに、他のことをしながらむしろ発展を待とうとする。その場合、いうならば、クライエントの自我防衛を尊重することになります。もっと具体的な例をあげると分かりやすいと思いますが、クライエントがやって来て、大きい問題が目にみえている。しかしながら、その問題に少し入っては他の話にそれてしまう。その場合、われわれは他の話を聴かずにその大きな問題にばかり下手に注目するとかえって危なくなる。適当に向こうが逃げたときには、逃げたということをわれわれは尊重しなければならない。しかし、そこでクライエントの動きにあくまでも従ってゆくと、大きい問題から逃げるばかりでなかなか進展しないということもあります。このときに、カウンセラーは逃げている人に向かって、「あなたは逃げていますよ、こういう可能性があるのですよ」と指摘した方がいいのか、よくないのか、ということは非常にむずかしい問題です。

この前に話をしましたが、カウンセリングのねらいであるとか、過程であるとか、あのような話だけ聞くと、カウンセリングは非常に簡単で、クライエントの言うことを受容して、クライエントの力で治るといっていますが、実際、非常にむずかしいのは、この防衛にぶつかるからです。そして、発展性のうらに大きな危険性があるからです。実のところ、私の体験からいって一人ひとりのクライエントの一回一回に私は非常に迷わされることが多い。もう一歩進むのか、もう一歩退くのか。ときには、クライエントが逃げようとするのを非常に大胆にこちらは逃げずにつっこむこともあるし、あるいは、クライエントが逃げるのであれば、どこまでもついて逃げようと思うこともあります。すると、また、「どこまで逃げて、どこまでせめるのか」と問われるかもしれませんが、これも常に自分の心の動きをバロメーターにしています。

たとえば、お母さんについて大きな問題をもちながらすぐ避けてしまう人がいる。やって来ると、お母さんの話をしかけて、すぐ、「先生、この頃はずいぶん寒い日がつづきますね」ということを話しかける。この場合、逃げているのに従ってどこまでもついてゆく。そういうことをやっているうちに逃げている相手についている自分がだんだん退屈していることが分かってくる。あるいは、ねむくなる。あるいは、もっと極端な場合、もうあのクライエントが来なければよいと思う。そういう気持ちが重なってきたときには、私はこう言うことにしています。その言い方にはいろいろありますが、たとえば、「あなたにこの前から六回もお会いしましたが、私としては全然意味が感じられません。これだけの時間をつかって六回もお会いしている意味を私は全然感じませんが、あなたは感じられますか」。つまり、向こうは逃げているばかりである。すると、その人はしばらく黙ってから、「いや実は、先生にはまだこのこと言っていません」。つまり、自分の大切な秘密を言っていないということを言ってくれる。そういうことを言ってくれると、こちらも本気にやる気がでてくる。「来てくれるけど話は面白くない。やめようかしら、どうしようかしら」という気持ちがある頂点に達したところで、自分の気持ちを本当の意味でぶっつけてしまう。

ただし、非常に大切なことは、カウンセラー自身がそのようないろんな自分の内的な心の動きに敏感でなければならないということです。つまり、こんなに退屈なのだから言ってやろうというのと逆に、ここで言えば危ないのではないかというのと、あるいは、もうやめたいのだが、せっかく来る人を断るのも気の毒だし、などという気持ちが実際に起こる。このようないろいろな気持ちに対して、カウンセラーは自分自身の心に忠実にならねばならない。いうならば、相当自我防衛をはずしていなければならない。そして、その自分自身の自我防衛を薄くしているなかで自我のなかに飛び込んでくるものを相手にぶちあてるのです。すると、そのむずかしい危機と発展とのちょうどよいところでわれわれは反応することができるのです。

第四節　自己実現

1　自己実現の意義

カウンセラーの方に少し話がいきすぎましたが、もう一度話をもどすと、自我というのは、いつまでも古くありたいとしている反面、常に新しいものがそれにつけ加えられ発展してゆこうとする動きがあります。その意味で、われわれは、「自己実現」ということばを使います。つまり、人間には、自己をどこまでも実現させてゆこう、潜在性を実現化して自分のものにしてゆこう。つまり、性の問題を心の片すみにおしこめて知らないひとりの学生としてゆくよりは、それを自分のものにしようと常にそういう働きがでてくる。自己実現とは、自我としてはとどまりたい、古いままでとどまりたいと思っているのに、心の底の自己の力としては、もっと高いもの、もっと高いものという働きかけが常に加わってくることなのです。そして、こういうふうに物事をみてゆくと、クライエントの話が、実際には、外的な話なのか、内的な話なのか、分からなくなることが非常に多い。あるいは、もっと積極的に、多くのカウンセリングの場合、私はクライエントが話をする外的な体験をまるで内的なことであるかのように聴いていることがあります。

たとえば離婚の問題でやって来られた人が、「今までうまくやってきた家内と、この頃全然うまくゆかなくなった、家内のすることなすことみな腹が立つ、別れたいと思っている」と言うとき、奥さんの性質を聞いていると、その奥さんは、お客さんが来たらすぐに愛想よくあいさつするし、言わなくてもよいことまで言ってしまう。また、「来ない方がよいのに」と言っていながら、その実、お客さんが来ると「よくおいでになりました」とうまくあいさつする。これを見ていると腹が立って仕方ない、など、カウンセリングの間ずうっと奥さんの悪口を言われる。その場合、私はその人が奥さんの話、実在の奥さんの話をしていると思いながら一方では、内的にはその人の心の可能性として生じてきつつあることを奥さんの姿を借りて表現しているのだと思って聴いています。奥さんの悪口を言うことは、そのようなことを取り入れるのがイヤさに何とかそれを防衛しているのだというふうにも受けとれるのです。つまり、その人の実在の奥さんの外向的な面を非難しているところもあるし、もっと言い換えれば、そういう態度で聴いていると、その人が話をするいろいろ外的な事柄が、本当に内的なことに結びついていると痛感させられます。そして、また、ちょうど内的に問題を解決しそうなときに外的にもそれに対応するものがやってくるということをふしぎに思います。

あるいは、こんなクライエントのことを思い出します。非常にひどいノイローゼの人ですが、結婚したがうまくゆかずますますノイローゼがひどくなって相談に来られた。その話を聴いていると、その人としては結婚する相手が一杯あった、申し込みはいろいろあったのに一番悪いところに行った、一番自分に合わないところへ行ったと言われます。「私は、なぜこんなバカげたところへ行ったのでしょう」と嘆かれるが、私が聴いているとむしろ一番いいところへ行った、その人の可能性を発展させるべき最も適切なところへ行ったと思えるのです。つまり、今までの自分の生き方、考え方からすると合わない、バカげたところであるが、その人の発展の可能性という点からみると一番都合のよいところへ行ったといえるのです。その場合、実際、結婚をアレンジしたのは誰であったかと考えてみるのも興味あることです。もちろんその人は自分が下手に選んで行ったと思っているが、誰か、もっとその人の女性の心の発展をになう誰か、いうなればその人の自己が選んだのではないか。自我はその結婚を選んで失敗したと思っているが、本当はその人の自己がすばらしい結婚を選んだのではないかとさえ私は思うのです。

ところが、そんなこと言って喜んでいるのはこちらだけで、結婚した本人は毎日つらくて仕方がない。自分の可能性、自分の今もっていないもの、これは、よいものであってもつらいことであることが多いのです。だからそのためにノイローゼが非常にひどくなった場合、われわれカウンセラーとしては、「それはけっこうな結婚です」とばかりは言えない。それというのも、ノイローゼになったために、他のことがいっぱい生じてくるからです。つまり、周囲の人がその人をいやがる、あるいは、勤め先でも困る、など二次的なことが生じてくるので、可能性の発展どころではなくて、自我が重荷に耐えきれなくなってくる。この場合には、可能性の発展ということは全部考慮外にして、まず自我の存在の安定を図ろうとするならば、われわれの態度はカウンセリングの本来のねらいと異なってくる。つまり、何か環境に働きかけて少し圧力を緩和しようとか、あるいは、何か他のことをしてこの人が力がつくまで待とうとか、そのために少し別居してみませんかとすすめてみるとかが考えられます。

この場合別居するのは退却です。別居せずに困難な結婚をやりとげてこそ仕事が始まるのです。しかし、かといって、このままの状態では自我が自己実現の重荷に耐えられなくなってしまう。「今がんばりなさい、別居はいけません」と言った場合、その家にいたために皆の圧力がありすぎて、その人がますます悪くなって最悪の状態で離婚が行なわれつぶれてしまう。といって、別居することはみすみす退却してゆくようなものである。そういう選択に迫られている。そのなかでカウンセラーとしては、そういう選択をわれわれがせずにその人にさせてゆこう、そのクライエントの決定に従おうとするのですが、その人の力が弱くなっている場合、われわれがどうしても手を出さねばならなくなる。そういうときカウンセラーとしては最も苦しいわけです。たとえば、私がこの人のご主人に会い、姑さんに会い、親に会いして、この人を離婚させてしまう。その場合、離婚させてこの人のノイローゼが治ってしまうかもしれない。そして、「ノイローゼが治って、先生のお陰でいやな結婚から逃げられました」と本人は喜ぶかもしれない。しかし、カウンセラーとしては、この人の非常に大事な発展の可能性をとめたのは私であるということを知っているので、そんなに喜んでいられない。そういう選択の岐路に立たされるということは非常に多い。そして、一般の人が、あるいは、本人が喜んでいるときに、われわれの心は喜んでいない場合もあるのです。といって、自己実現の道があまりにも厳しいことを知っているわれわれとしては、それをとめたくなることも多いのです。

2　簡単に望んではならない「自己実現」

そういう意味では、私は、カウンセリングは好きこのんでするものではないとさえ思います。そして、カウンセリングを受けに来られてもそう簡単に自己実現や可能性の発達を考えずに、しばらく会っている間にそのクライエントが何を選ぼうとするのか、すなわち、しばらくの安定を選ぼうとするのか、古い自分をこわしてまで新しいものを作りあげる方を選ぼうとするのか、そのあたりをしばらく待ってみようとします。開き直っていうならば、われわれカウンセラーはクライエントの自己実現を目的とするといいながら、実際問題としてはそう簡単に自己実現を望まない方がよいのではないかということもしばしば体験させられるのです。

しかし、そうはいうものの前章に述べた大学生のように、あのようにすばらしいクライエントの場合には、わずか四回か五回のカウンセリングのなかにすごく可能性を発展させて相当大きい成長がみられます。このような場合、われわれは本当に嬉しくて仕方ない。人間というのは本当に可能性をもっている。そして、一般の人がその場でできるだけ早くかためようとするのに対して、われわれは長い間かかって発展を待つわけですが、これも長い間待っている間に発展の可能性がでてくる嬉しさを知っているからに他なりません。それをよく知っていると、「自分は対人恐怖で困っている」とか、あるいは、「自分は悪い主人をもって困っている」とか、あるいは、「自分は勉強ができなくて困っている」とかクライエントの口から言えばいやなことばかりでてくるのだが、カウンセラーとして聴いている場合、それは非常に光をもった可能性に通ずる場合が多い。だから、われわれは人のいやな話を辛抱して聴いているというよりは、一見いやな話にみえるなかに光をたくさん知っているからこそ、心からそれを受けいれることができるといってよいと思います。

そして、このことは後でまた述べるかもしれませんが、そういう発展の可能性がすごくわき上がってきたときに、ときどき起こることは、クライエントは自分のなかにわき起こってきた可能性のすばらしさをそのままカウンセラーに投影して、カウンセラーを非常にすばらしい人だと思うことです。その場合、クライエントにとってカウンセラーは、本当に光に輝いた人にみえたり、あるいは、まったく欠点のない人にみえたりします。そして、これほどすばらしい人は他にないのではないかと思ったりさえします。なかには、「先生は神様のような人です」と言う人さえあります。

しかし、これは実際にカウンセラーがすばらしいのではなくて、クライエントの心のなかにわき上がってきた可能性の輝きがクライエントにとっては主観的にいかにすばらしいものと感じられるかを示しているものなのです。その場合、カウンセラーが慣れていないと、クライエントの言っている言葉をそのまま信用するような誤りを犯しがちになります。つまり、「先生はすばらしい人です」「先生のような人になりたい」というようなことをそのまま真《ま》に受けてしまう。ここで、カウンセラーは、それをそのまま受けとらずに「実は、そのようにみえる私は、それほど光り輝いて私がみえるということは、あなたの内的なものが光り輝いているのですよ」ということをクライエントに伝えてやらねばならない。それをせずに下手にカウンセラーが受けて喜んでいると、カウンセラーはクライエントに必要以上に親切にしてやらねばならなくなってしまって困ったり、あるいは、カウンセラーが慢心をおこして失敗したり、あるいは、クライエントはよくなるが、カウンセラーにいつも頼らなければやってゆけないような、つまり、カウンセラーとクライエントの間にべったりした結びつきができてしまってクライエントが自立しにくくなったりします。もちろん、可能性をカウンセラーに一度投影して、カウンセラーに返してもらって自分の心のなかにこれほどの輝きがあったのかと分かった後でも、クライエントはカウンセラーを尊敬することもあります。

しかし、その尊敬する気持ちは、初めの光り輝くものを投影させたものと全然違います。カウンセラーを一個の人間として、別に無限の力をもっているものではない、有限の人間であるが、自分の可能性をここまで引き出してくれた人として感謝する気持ちが起こってくる。これは別に問題はありません。人間対人間として感謝する気持ちをもつのですから、そして、その場合、われわれはもうカウンセリングが終わりに近づいたと感じます。そして、ひとつの可能性を自我のなかに取り入れて自我が前の自我よりも高次のものとなり強くなってカウンセリングが終わってゆくわけです。

しかし、もちろん大切なことは、自己実現には終わりがありませんから、また新しい可能性がでてきます。しかし、それは、もしもこの人の自我が非常に強くなっておれば、ますます新しいものに対して自分で心を開きカウンセラーに頼らずに自分で統合してゆく力がでてくることになるのでしょう。あるいは一応統合できたのでカウンセリングを終わったが、また、非常に大きい問題が生じてきたときはカウンセラーのところへ来るかもしれません。こういうことをわれわれは知っているべきだと思います。カウンセリングのために、すごい人格変化が起こってまったく完全に変わってしまうのではないということ、つまり、非常に大きい仕事をしてカウンセリングによってまったく自分が変わったと思うほどの変化があったとしても、それは生涯つづく自己実現という非常に大きい仕事のごく一部分をしているのです。そして、やったことは主観的には大きく感じるが、まだまだ残された問題があるのだということを知っていないと、カウンセラーが嬉しくなりすぎてしまうという欠点をもつことになります。この章では理屈っぽいことを述べましたが、このように理屈っぽく考えてみることも大切であるということを次章に述べるつもりです。

第四章　カウンセラーの態度と理論

第一節　カウンセリングにおける二律背反性

カウンセリングの場面においては、簡単な原理によって説明し得ないことが、しばしば生じます。このため、カウンセラーが何らかの理論にとらわれているとかえって失敗するようなことさえ生じます。このことを極論する人は、カウンセラーに理論は不要である。あるいは有害であるという人さえあります。たしかに生半可な理論を知っているために、かえって人間理解の仕方が浅くなってしまうようなときもあると思います。

たとえば、私はある母親のことを思い出しますが、この人はいろいろと心理学のことを勉強して知っている人でした。母親が心理学の勉強をしているわりに、あるいは、している故にというべきかもしれませんが、その子どもはいろいろ問題をもっていました。ところで、その母親は子どもの問題について私にいろいろと訴えた後で、「結局、うちの子どもはフラストレーションなのでしょうね」と言われました。子どもの悪くなる原因はよく分かっている。それはフラストレーション(欲求不満)なのだということなのでしょう。そこで、私はすぐにお答えして、「お宅の子どもさんはフラストレーションなどというハイカラなものではありません。一人の生きた人間です」と申し上げました。

この場合、この母親の心理学の知識は子どもの理解に役立っているでしょうか。私が少し強い表現で言いましたように、むしろ、子どもの心を理解しようとする妨げになっているといっていいと思います。生きた人間としての子どもの悩みを共に感じていこうとせず、フラストレーションという言葉ですべてを説明されたように感じてしまうのは本当に危険なことです。このような例をみると、われわれは下手に心理学の理論など知らずに、もっと素朴な気持ちでクライエントに対していった方がいいのではないかと思われます。

ところが、実は、その逆の例もあげることができます。私のクライエントで、その例を思い出しますが、ある女の人が再婚されました。ところが、先妻の子どもが、その人を自分のお母さんと思っていたわけです。長い病気で会えなかったのに、とうとう会えたと思いこんでいるので、そのお母さんにものすごく甘える。それが単なる甘えでなくて、つねったり、かんだりする。そうすると再婚してきた人ですから、そんな子どものひっついてくる感じが分からない。ところが、その方が私に言われましたが、この子は長い間欲求不満であったのだろう。それだけ欲求不満だったら、私にかみついたり、しゃぶりついたりするのも、結局、愛情を求めているのかなと思って、ただ、欲求不満という言葉を知っていたおかげで、痛い痛いと思いながらも辛抱した。ところが、辛抱を重ねているうちに、だんだんと、子どもも抱きついてくるだけで、かんだり、つねったりしなくなった。そうすると、お母さんも可愛くなってくるし、子どもも本当に甘えてきて親子関係が非常にうまくいくわけです。

後になって、この方がつくづく言っておられました。自分は、あの頃のことを思い出すと何も分からないなりに、「欲求不満」という言葉にしがみついて、やっていたような感じだと。その場合、われわれは別に親と子が血をわけていなかったとしても、愛情さえあればよいとか、深い愛情があれば解決するのだとか、よく言いますけれど、なかなか人間というものは、そう簡単に深い愛情をもてない。そのときに、その人のように、むしろこれは欲求不満の結果こうなったと思って辛抱して、そのまま受けとっていた方が本当の愛情が後の方でわいてくるわけです。このことは、忘れてはならないと思います。そういう知的な理解が、本当の体験の橋渡しになってくる。これは、前の例と逆の話です。

ここに例をあげましたが、初めの例であれば、結局欲求不満という言葉を知っているために、子どもの悲しみや苦しみを、そのまま味わうのを避けて、自分の子どもをつき放してみているお母さん。後の例は、そういうことを知っていたために、結局は、深い愛情にまでつながっていったお母さん。いま相反する二つの例をあげたのですが、このようにカウンセリングにおいては、まったく違う例をあげることは、すぐできるものです。それを私はひとことにいって、カウンセリングの場には、二律背反性が非常に多いということを常に強調しています。

たとえば、皆さんがカウンセリングを始められると、ある指導者の人が、カウンセリングなんか教えられたものでない、カウンセリングを教えてもらって、上手になろうというのは虫がよすぎる。カウンセリングは、一人で上手になるものだと言われると、「なるほど」と思います。たしかに、カウンセリングは、なかなか教えてもらって上手になるものでない。ところが、またある人が、カウンセリングを一人で勉強するとはもっての他だ、指導者なしで上手になるということは考えられないと言うと、なるほど、そうかという気になる。どちらの人も正しいと言いたくなります。こういうことは、カウンセリングに非常に多いのです。そのカウンセリングのなかにある二律背反性を、ひとつひとつ数えたてて、並べてみようかと思うぐらいです。皆さんがカウンセリングをしておられるときに、いくらでも考えてみられるとよろしいです。

たとえば、もっと具体的に言いますと、ある場合、このクライエントに電話をかけた方がよいのだろうかとか、かけない方がよいのだろうかと思うことがよくあります。そのとき、かけた方がいいと言おうと思えば、きちんといいという理論はありますし、かけない方がいいと言おうと思うと、それを支える理論は、きちんとあるわけです。そして、どちらも正しいという感じがしますし、どちらも間違っているという感じがすることも非常に多いのです。そういう点で、われわれに大切なことは、カウンセリングの場合、二律背反性がたくさんあるのだから、単純に物事を割りきって考えてしまうと、失敗することが多いということです。

1 「治る」のか「治す」のか

このようにたくさんある二律背反性のなかで、私が、まず取り上げたいことは、「クライエントが治る」のか、「カウンセラーが治す」のかということです。これも、明らかに二律背反しています。

これは、カウンセリングとは何かということで最初に述べましたような言い方をしますと、カウンセラーはただ耳を傾けていると、クライエントは自分で自分の可能性を発見し、問題を解決していく、そうすると、クライエントは治ったということになります。そのとき、クライエントは自分自身の力で治ったのだから、カウンセラーが治したのでない。それをもっと極端に言いますと、カウンセラーはいらないではないかということになってきます。ところが、実際はカウンセラーは必要なわけです。カウンセラーがいなくて、クライエントだけがよくなることは少なくて、やはり、そこにカウンセラーがいたということが意味をもってきます。それは、われわれはどういう意味をもったか知っています。つまり、カウンセラーがそこで受容的な態度で接してくれた。そういう人がいてこそ、そこに治るという現象が起こるのです。

普通の人であればクライエントに対して、効果のない忠告をしてみたり、叱ってみたりして失敗する。それをそうせずに、ひたすら受容していくことによって、その人が治るようにしたということは、これは、やはりカウンセラーが治したといっていいのではないか、他の人ではできないことをしたわけですから、カウンセラーが治したといっていいのではないかというふうにも考えられます。だから、どちら側からもいえるわけです。常識で考えますと、一般に、カウンセリングはカウンセラーが治すものだと思われていますけれども、実際われわれがカウンセリングを始めますとクライエントが自分自身で治るというすばらしさが分かってきます。そして、それにあまり嬉しくなりますと、「クライエントが治るのだから」ということで、カウンセラーの方がだんだん自分の責任逃れをするような感じになってきます。クライエントが、やるんだという感じになってくる。このため、クライエントの申し込みを受けると、「ともかくやってみよう」と安易な気持ちで引き受けてしまう。クライエントは来談するときに「ノイローゼを治してください」とか、「自分のこの問題を解決してください」というはっきりとした目的をもってきています。そのとき、私たちが、「よしやりましょう」と言う場合、「どうなるか分からないがやりましょう」というのはあまりにも無責任です。そうすると、「どうなるか分かっているからやりましょう」というほど責任がとれるかといいますと、そうでもない。実際に、われわれは絶対に治りますとは言いにくいわけです。そして、また、絶対に治りますということをわれわれが言ってしまうと、今度はカウンセラーが治すということが、あまりにも前面に出てき過ぎて、クライエントが自分で自分の可能性を発見するということがなくなってしまいます。

だから、カウンセリングというのは、やはり「治る」のと、「治す」のと、二つの力の働く両方のところで、ちょっと片側にふれたり、あるいは反対側にふれたりする。そして、実際のカウンセリングをしてみますと、クライエントが治ったという感じがわりに強いケースと、カウンセラーが治したという感じがわりあい強いケースとがあることが分かります。それを下手すると、クライエントが治っていったのに、自分が治したと思ってしまって、おおいにいばっているカウンセラーも出てくるわけです。

2 「引き受ける」ことの意味

ここで強調したいことは、われわれの立場としては、クライエントが自分で治るということを相当重視しているのですが、やはり、そのなかでクライエントの治る道を私も共にするのだという意味で、われわれは引き受けている、責任をもって引き受けているのだということを、決して忘れてはいけないということです。これをふつう引き受けるというと、「よし、おれがやってやろう」という引き受け方をする。ところが、われわれは違う意味で引き受けているので、ときどき、引き受けているのを忘れてしまう人があります。やはり、われわれはふつうと違って、「私がやってやろう」でなくて、相手のするのを援《たす》けようとしながらも、やはり、引き受けているのを忘れてはならないと思います。

クライエントが、苦しい道を進んでいくのを自分も共にしようと、それほどの気持ちでいるのに、わずか一週間に一時間しか会わない。せいぜい、一週間に二時間しか会わないというのも、二律背反的ということができます。しかも、決められた場でしか会わないという、非常に強い制限があります。このクライエントのためであれば、どこまでも努力を共にしてゆこうとする気持ちをもちながら、片方では限定された場所で、限定された時間しか会わないという厳しい制限がある。これも、カウンセリングにおける二律背反といえるかもしれません。というのは、一般には、あなたのためであるならば力を尽くしましょうというときには、いつ電話がかかってもとんでいってあげるとか、あるいは、あなたの頼みであれば、何でもやってあげましょうということになる。ところが、そういうことを、カウンセラーは全然やらない。むしろ逆で、電話がかかっても行かない、頼まれても動かないという制限をもちながら、そして片方では、誰も聞かないような話でも、一生けんめい聴きましょうという態度をもっています。このように、いろいろな二律背反があります。

そうして、このような二律背反性のために、先にも言いましたが、ひとつひとつの事柄が本当にむずかしいときは、どちらにしていいか分からないようなときが多いのです。たとえば、クライエントが自ら立ち上がるのを待つのがいいのか、あるいは、家出をするという場合、カウンセラーが絶対にそれをとめた方がよいのか、これは、後になってこそ言えますけれども、その場では分からない。そのときに、下手なカウンセラーというのは、ふたつの可能性があるのを忘れてしまう。そして家出をするのだから、これはとめて当り前だと思ってしまって、自分のやったことは正しかったと思う。そして、あと、うまくいかなかったのは仕方がないと思う。また、他の人は、家出をするのは放っておいて、クライエントが自分の力で立ち上がるのだからと、家出をして失敗しても仕方ないと思う。そういうように、ふたつの可能性のあるなかで、ひとつだけを理論的に割りきってしまって、安閑としているカウンセリングというのは一番危険です。そして、どんな場合でも、自分のしたことを正当づける理論は、必ずみつけることができるのです。

3　二律背反への必死の取り組み

ここで、少し私の忘れがたい経験を話しますと、私がスイスで分析をしていたときに、日本人のクライエントがやって来ました。

ところで、カウンセリングとか分析というものは、西欧的な考え方を根本にしていますから、その本来の考え方は、ある個人が自分から受けにきたものを、援助するということが非常にはっきりしています。ところが日本の場合、先ほども言いましたが、援助するということは、どこまでもやらねばならないし、制限を越えたものをもっています。このへんのくい違いもあって、私としては、この日本人のクライエントの方とうまくいかなくなった。それで、指導を受けていたスーパーバイザーのところへ行って、うまくいかなくなったけれども、カウンセリング本来の理論でいきますと、クライエントが来なくなっても仕方がない。そして、私のやったことを説明して、私のやったことは全然間違っていない、カウンセリングなり、分析の理論にそのままのっとっていると言いましたら、スーパーバイザーが、にやにやと笑って、「河合君、君の日本のたましいはどこへいきましたか」と言いました。これはなかなか面白いことを言ったものだと思います。西欧の考え方はこうだということで、私が安閑としてしまっている。カウンセリングというものはそういうものだからそれでいいと思って、私が突き放そうとしている。そういう西欧的な考え方に対して、日本人である君の日本の考え方はどこへいったのだというわけです。

こういうときの言い方が非常にうまいと私は思うのですけれど、「君もっと日本風にやれ」とは言わないし、「君は日本人だから、日本流にやらなければだめだ。なぜそういう西欧的なことを言うのだ」とも言わない。「日本のたましいはどこへいった」というのは、日本的な考え方はどうなったのかということで、別にどちらの方法がよいということではない。ところで、実際にこのクライエントをどうしたらいいかということは、そのスーパーバイザーにも分からないが、その人にはっきり分かっていることは、私の説明はあまりにも一面的で安心しすぎている、大切なものを忘れている。片方がどこへいったのかというわけです。そして、あとは私が自分で悩まねばならないわけです。この二つの相反するもののなかで私が悩んでしぼり出したものこそ、本当のカウンセリングの道です。

この場合のスーパーバイザーのものの言い方は、今考えても大したものだと思います。下手すると、「君は日本的なことをやらねばだめだ」という言い方をする。ともかく片方だけ言うために、「いや西欧の方がよろしい」とか、「日本がよろしい」とか喧嘩になってしまう。そういう言い方でなく、私が無視しようとしていることを、ちょっと指摘してくれる。そういうやり方をされたわけですが、この場合でも、二律背反を実際カウンセラー自身が必死になって体験していかなかったらだめなのです。

このように、カウンセリングにあくまでも二律背反ということがよく入ってくるということは、私は、人間というものがこういうものだから致し方ないと思っています。積極的にいえば、人間というものはこの二律背反性のあるゆえにこそ、面白いといってよいかもしれません。つまり、人間性のなかに必ずこういう二律背反的なダイナミズムがある。そのダイナミズムを通じてこそ、われわれは、それよりも高い次元のものを創り出すことができるのです。ひとつの状態に安閑としているのでしたら、これは別にカウンセリングを受けにくる必要はありません。ある人が、たとえば夫婦の仲が悪くても、夫婦の仲というものはこういう悪いものだと思っていれば、これは別にカウンセリングを受けにくるはずがない。悪くあっても、よくしようと思うから受けにくる。これは、よくしようと思うけれども、悪いままでいたい気持ちがどこかにあるからカウンセリングを受けにきているともいえます。その場合、やはり二律背反がクライエントの心のなかにあるのを、カウンセラーが両方共受けいれていくことによって、それよりも高い次元のものが創りあげられるわけです。

そういう意味でカウンセリングというのは、一回一回が創造的な、ものごとを創り出す過程であるといっていいと思います。

第二節　態度と理論

二律背反のことを言ってきましたが、二律背反のなかで非常に問題になりますのが、われわれが理論をどの程度知るかという問題です。極端に言いますと、理論を知らない方が相手を受容できるのだという考え方があるのに、どうして理論が必要なのかということです。

1　態度と理論の相補性

これは、実際的な問題を考えますと、よく分かると思います。というのは、大体カウンセリングを始める人は、日本の場合ですと他の人を受容する、相手の言っていることに耳を傾けて聴いていたらよいということから始まります。私も第一章でこのことを強調したわけです。それで皆、なるほどそんな簡単なことならやってみようと思う。ところが、やってみると簡単に受容できない。クライエントがやって来て、私は自分のお母さんを殺したい気持ちだということを言いますと、それを受容しようと思っても、受けいれることができない。こんなやさしい顔をした人が、お母さんを殺したいとは、すごい人だなと思ってみたり、こんなひどいことを言っているが、本当はどう思っているのだろうと思ったりします。そういうことを思っているのなら受容にはならない。ところが、受容にならないといって、こちらの心がそのように動くのだから仕方がない。それを、やめておこうと思ってもそう思ってしまう。

これは、ひところ、カウンセリングについての講習などに行くと、よく質問されたことです。「私は、受容しようと思うんですけれど、変なことを思わず考えてしまうのです。それはなぜでしょう」と、よく言われました。たとえば、家出をしたいという人があったら、「家出したいんですね」と受容しないといけないのですが、すぐに、「家出はだめです」と言いたくなったり、「どうして、この人はこんなばかな家出をするんだろう」と思ってみたりする。それで、思わないようにするには、どうしたらよろしいでしょうという質問をよくされました。

このようなことが生じるということは、前章の理論によりますと、クライエントも自我をもっていますが、カウンセラーもカウンセラーの自我をもっているという点が大切だと思います。クライエントには、それなりに発達してきた自我があって、クライエントの自我もある程度の統合性をもっています。そして、カウンセラーの自我もある程度の統合性をもって発達をしてきますが、このふたつは同じではありません。その場合、クライエントが「私は家出をしたいのです」と言ったとき、それを聞いたとたんに、家出をするという問題をカウンセラーの自我のなかに、どう統合するかという問題が起こってきます。そうすると、私の人生観のなかで、こういう少年が家出をしてもらっては困る。それでは、お父さんやお母さんが困るだろうとか、あるいは、少年自身が困るだろうという人生観を私がもっていると、そういう事柄を私の自我のどこにおさめていいか分からない。つまり、私の自我の統合性のなかへ、この少年の家出ということを入れこむことができない。ところが、自分の自我があることを忘れてしまって、おのれを空《むな》しくして、向こうの言ったことを受容しなくてはならないという考え方に、日本人はなるように思います。というのは、われわれ日本人というのは、おのれを空しくするということを何か理想としているような傾向さえあり、受容といい、共感的な理解といいましても、そういうことを強調する西欧人というのは、自分の自我を空しくするということは想像だにしないと思います。われわれ日本人とは、その点が違います。だから、われわれは西欧で始まったカウンセリングのこういう点を聞いても、少し受けとり方が違ってくると思います。すぐに自分の自我を空しくすることを考えすぎるのではないでしょうか。

カウンセラーがクライエントをそれほど受容し、理解しようとしながら、自分自身の心を受容しないという馬鹿なことはないと私は思います。それほど、受容することが大切だったら、クライエントも受容されなければならないし、カウンセラー自身も受容されなければならないと思います。ところが、クライエントが家出をしたいと言うと、カウンセラーがそれはおかしいと思いながら、「あなたは、家出をしたいんですね」と言った場合に、それが受容といえるかどうかさえ問題です。それは受容のまねをしているだけかもしれません。つまり、心のなかに入っていない。

ところが、少年が家出をすると言った場合、たとえば、十六歳の学校へ行かなかった少年が家出をするなどと言い始めたのは、常識で考えるような悪い意味の家出ではなくて、むしろ自立的な心の動きを示すものであるとカウンセラーが知っていたとする。つまり、青年期の人たちには自立性が高まってくること、特にそれまで、それを経験せずに、急に経験しようとする青年は家出の話をすることが多いことをわれわれが知っていた場合、われわれはそのまま受容することができます。この人は家出したいのだなということが、そのまま受容できます。それを、すぐに危ないとか、変だとか思いこんだりはしないのです。みんな受容しようしようとがんばっているけれど、クライエントの言うことが受容しきれない。「なぜ、あんなことを言うのでしょう」ということは、受容しきれないことを示しています。そのとき、私が「家出は、自立しようとする動きの表われである」とか言いますと、「なるほどよく分かりました」と言われる。知的に分かるのでなく、もっと日本語の便利な表現をつかいますと、「納得がいった」といいますが、納得がついたという感じで、それを受けとめることができます。

このように考えますと、実際に、初めに言いましたように理論と態度が、そうバラバラでなくて、実は、案外ふたつが補い合うようなことになってきます。つまり、理論を深く知っている人こそ深く受容できるし、クライエントを深く受容した人こそ、より深さをました理論体系をつくることができるといってよいと思います。クライエントの言うことを受けいれていく、入れ物としてのカウンセラー自身の自我を放っておいて、ただ受けいれさえすればよいと考えている人は、まるで、入れ物の大きさを知らずに、口さえあけていれば何でも入ってきていいと思っている人です。そういうのは、受けいれというよりは受け、いい、け出しといった方がいいようで、それはほとんど効果がないわけです。

2　理論のあるところに受容がある

このようにいっても実際場面になりますと、そんな簡単なものではありません。自分は理論を知っているから受容できて……、といったものではなく、実際にやりますと、クライエントの言うことがいかに受容しがたいかということが分かります。そこで、受容しがたいながらも、一応受容したかのごとくまねをする。まねをするというと悪く聞こえますが、もう少しよい言い方をすると、理解を先にのばすということです。ふつうの人は、理解を先にのばすことができなくて早いこと決着をつけようとしすぎるわけです。「家出をする」と言うと、「やめとけ」とすぐに言う。しかし、われわれは家出をしたい意図は分からないけれども、分からないままで決着をもう少し先にのばす。だから、「家出をしたいのだね」と待っている。待っていると次の話が出てくる。それに次の話がつづく。それを聞いていると終わりの方で、了解がついてくるということもあります。

だから、クライエントの話を聴いて、私は理論がないから分からないと悲観する必要はなくて、分からないけれど辛抱して聴いていると、いいこともある。辛抱して長い間聴いていてこそ、終わりの方で了解がついてくることも実際多いのです。しかし、ここでやはりわれわれとしては、クライエントの言うことを聴くだけでなくて、理解するための自分の自我を強めること、あるいは理論を深く知ることは、絶対に必要だと思います。だから、カウンセリングを勉強する人は、一生けんめいになって相手の話を聴こうというだけではだめで、聴こうというところから入って、次に、人間を理解するための理論、あるいは、人間を理解するための知識を増やす努力もしなければなりません。このような努力を払っていない人は、下手をすると熱意のからまわりになる。というのは、相手の言うことを一生けんめい聴いてあげようとしても、心のなかで馬鹿なことを言う人だとか、これはおかしいと思ったりする。そう思ってはいけないと思うと、結局はそのための努力にエネルギーを使いすぎてしまっている。そうして、本当の意味で受容することができなくなるという熱意のからまわりをやってしまうのです。

考えてみますと、私が初めに言いました、クライエントの言うことを、ひたすら受容していれば、クライエントが自分の力で立ち上がっていくということは嘘ではありません。そこで、受容できれば誰でもカウンセラーになれる。もっと極端にいいますと、受容さえできたら素人でもカウンセラーになれると簡単に思うのですが、そういう言い方は相当危険だと思います。たとえば、私が、いっぺんプロ野球の選手になってひともうけできないかと思っているとき、プロ野球の選手が、打てさえすれば素人でもプロ野球の選手になれますよと言うのを聞いて、それでは、私も行こうかといっても全然打てませんからこれは話にならない。だから、受容さえできればよいというのは危険な言い方です。受容するということは大変なことです。そのためには、自分の人間を磨かねばならないということが裏にあるわけです。

ところで、カウンセリングの勉強の場合に、そういう人間理解の理論というところまで述べますと、きりがありませんので、この講義がそうであるように、あまり人間理解に関する理論などは述べていません。そこで、前章でも言いましたように、カウンセリングをするというのなら、そういう理論的な本も皆さんが読まねばならないと私は思います。

第三節　カウンセラーの基本的態度

理論と態度の相補性ということは、分かってもらったと思いますが、人間理解の理論は略すことにして、クライエントに対する基本的な態度について非常にうまく述べたのがカール・R・ロジャーズだといえると思います。

カウンセラーの基本的態度としてロジャーズは、無条件的積極的関心(**unconditional positive regard**)、それから、クライエントの言っていることに対して共感的に理解する、しかも、その場合カウンセラーの態度は **genuine** でなければならないといっています。この **genuine** を純粋と訳したために混乱が起こっているのではないかと思いますが、純粋とか、自己一致とか訳されています。

1　無条件的積極的関心

このように非常にうまくカウンセラーの態度を言ってのけたわけです。ところが、これはうまく言ってあるのですけれども、誤解されたり、あるいは分からなくなる場合が多いようです。それで少し誤解されるような点をひろいながら説明してみたいと思います。先にも言いましたが、無条件的積極的関心というのは、たとえば、あなたの態度がよかったら私はあなたが好きですというのでなく、相手がすぐに離婚したいと言おうと、家出したいと言おうと、それに対して、あくまでもよい意味での尊重をする気持ちで接していくというわけです。ところが、そんなことは実際なかなかできません。たとえば、クライエントが自殺をしたいと言ったそのときに、その人が自殺をしたいと言っていることを、無条件に積極的に関心を払えたら、これはすばらしいと思います。ところが、われわれにはなかなかできない。ともかく、死んでもらったら困るといった気持ちがすぐでてくる。これはもう無条件にならない。死なかったらいいのにと思うということは、もう条件づきになっている。そこで、初心者の人は、それをやめて、何とか積極的関心をもとうとするのですが、もてない。もとうとするが、もてない。このくり返しばかりをする。私はそれよりも大切なことはやはり自分はカウンセラーとして、無条件的な積極的関心をねらいとしているけれど、目標にほど遠い人間だということを、まず認めることが大切だと思います。そういう自分に対しても、やはり自分が自分に対して積極的関心をもってやらねばなりません。そういう点からいいますと、相手の言うことをこちらが無条件に聴けないということが生じたとき、私はむしろそういうことも尊重すべきだと思います。

ここで大切なのは、相手が言ったとき無条件に尊重できれば、それは文句なしにすばらしいですが、ところができなかったらできないということを、われわれは尊重しよう。具体的に言いますと、相手が自殺したいと言う場合、それを、私は無条件に肯定できない。そのときには、自殺はやめてくださいと言わねば仕方ありません。あるクライエントが「誰にも言っていないが、自分の国籍は日本ではないのだ」と言う。その場合、「あなたは日本人じゃなくて、ほかの国籍なんですね」というふうに無条件に積極的関心を示さなくて、そんな答えができなかったとします。そして、思わず知らず話をそらしてしまう。そして、「あなたの子どもさんは日本国籍でしたね」ということを言ってしまう。これは、クライエントは自分の国籍は違うと言っているのに、カウンセラーが、それを受けいれるのはつらくて仕方がない。が、せめて、その子どもさんが日本の国籍だということは受けいれられるので、そちらを言ってしまう。だから、向こうの線とこっちの線とがくい違ってしまう。くい違った方がいいとは決して思いませんが、くい違ったことはそれなりの意味がある。ここで、カウンセラーがこの人が日本の国籍でないことを初めて知って、びっくりしすぎてしまって無条件的な積極的関心を払えないのに、恰好《かっこう》だけあるかのごとくみせかけて、「そうでございますね」というようなことを言った場合は、はるかに悪い結果がでてきます。というのは、カウンセラーがそれを本当に消化できないのに、消化できたような恰好をして話がすすむと収拾がつかなくなる。

クライエントのしたことに、カウンセラーが積極的で無条件の関心を払うことができて、一段高く上がるようなときがくるまでには、ある程度の時間が必要です。それよりも早く、内面的なものが出すぎた場合は、クライエントとカウンセラーで消化することができない。そのために、かえってカウンセリングが中断してしまったり、関係がまずくなったりします。無条件的積極的関心ということを思いすぎて、できもしないのにそのまねをするのは危ない。これが本当にできれば一番いいのですがわれわれ生身の人間としては、三番目か四番目ぐらいのことしかできないことが多い。

私は、皆さんのカウンセリングのテープなどを聞かせてもらって、「あなたは、ここは受容していないんじゃないか」というような場所を「いや、ここは受容しなかったことに意味がある」と言いたくなるようなときが多い。ここで受容しないことによって、次のときまで待っているんだ、二人が本当にそれを受けいれられるときまで待っているんだという感じがするときがあります。

すでに述べたことかもしれませんが、自己実現の道というのは本当に苦しいものですから、私がここで簡単に黒板に絵をかくように自己実現がすすむはずがありません。その途中では苦しいからやめたくなったり、あるいは、もっと極端に言えば、自己実現というような苦しい道を歩まない方がよい人だってあるのではないかと思います。そう思うとなかなか、物事は簡単ではなくて、われわれはむしろ、カウンセリングの流れをとめるようなことをした方が、結果的にはよかったということさえあると思います。

2　共感的理解

共感的理解ということについて多くの方が一番知りたがられることは「自分の経験していないことを共感できるか」ということです。

たとえば、カウンセリングを始めると、四十歳ぐらいのクライエントが離婚しようか、しまいかと迷っていると相談しにくる。ところが、カウンセラーはまだ二十五、六歳で独身であった。すると、クライエントが「失礼ですけど、あなたのお年は何歳ですか」と言い出して「私の悩みが分かりますか」と言われる。そこで、そのようなときは「やめた方がいいのでしょうか」とそのカウンセラーが私に相談されたことがあります。そういう具体的な例にぶつかったときには、よく分かりますが、「そういう経験のないことはやめた方がよい」ということになるでしょう。しかし、「経験のないことはやめた方がよい」と極端に言いますと、われわれカウンセリングができなくなります。私と同じ経験をした人は世の中にいないので、絶対できなくなってしまう。そのへんが面白いので、われわれは経験のあることはしてもよいが、経験のないことはしてはいけないといいながら経験という意味を広く考えています。

たとえば、私が頭痛の経験をもっていると他人の腹痛についてでも、少しは分かるのではないかということを暗々裡《あんあんり》に承認しています。ここで私が急に頭が痛くなって、この頭の痛さは絶対あなた方に分からない。なぜかというと、ここに立って、この時間にこの場所で頭が痛くなったのは私だけですから分からないだろうと言いますと、皆さんは笑われることでしょう。いや、その程度でしたら私たちも以前に経験していると言われるでしょう。つまり、ひとつの経験は、時間や場所の差を超えて共通性をもつと考えるわけです。そうしますと、われわれが「経験」というとき、それは、ひとつの経験を共通して相当なところにまで拡がるものだと考えられます。

その点をもっとおしすすめていきますと、ひとつの経験を豊かに深く経験することのできる人は、それを、共通の因子として経験の枠組みを拡げることができる。極端な言い方をしますと、私が道端で思わず花のついた雑草を踏みつけたとき、その体験を本当に深めると、人が死ぬ感じ、人が殺されることにさえつながると思われます。それを深めることができなければ、雑草を踏んだのと、人を殺すのとは全然別の話です。ところが、われわれが体験を深く掘り下げていくとき、何か共通の因子につながっていく。そういうことがあるから、五七五の俳句についてさえ、ひとつの論文が書けるということになると思うのです。浅くよみとれば、ただ、五七五になってしまいますし、深くよめばいくらでも深くなります。

カウンセリングをする人は、自分の経験を深めることを考えねばなりません。同じひとつのことをしても深く体験した人は、それを共通の因子として多くのことが共感できるようになりますし、浅いところでとまっている人は、少しのことしか共感できません。しかし、これにはある程度の範囲があることが分かると思います。実際、私がこう言っても、少し頭痛の経験をしたので、それを深めて盲腸の手術の痛みが分かるとまで言えるかどうか、これは問題です。

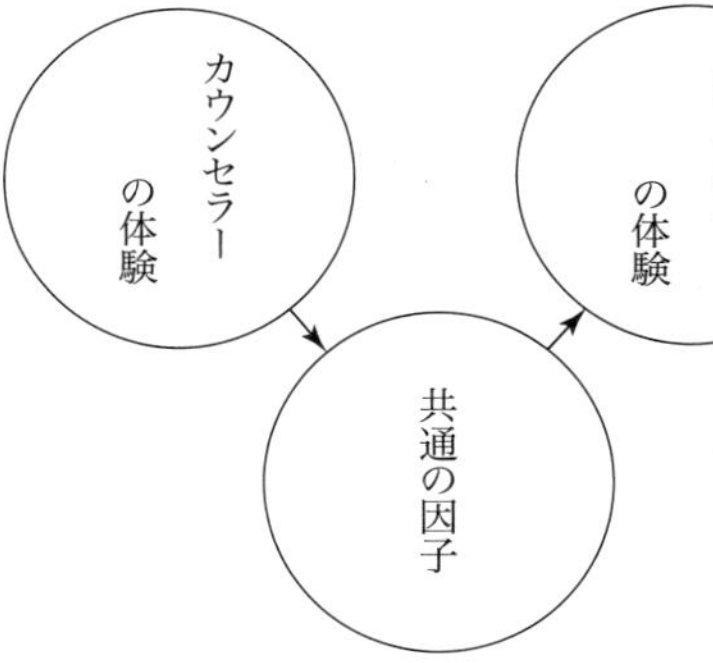

図3 共　感

その場合、その人のした体験の種類と、深さとの両方によって共感しうる範囲が、だんだん拡がっていくのです。共感的理解といいますと、やはり、日本人の通性としては、何かその人と同じことを感じねばならないと思いすぎる傾向があります。クライエントが離婚の苦しみを言われる。主人が大酒飲みで、お金を使って無茶苦茶だということを言われると、自分はそんな経験をしたことがないのでそれは分からない。あるいは、気の毒だなとは思うが本当は分からないと考えてしまう。ところが、絶対、本当に分かることはないのです。そして、絶対、本当に分かる必要はないのではないかと思います。私の体験ではクライエントの気持ちが絶対、本当に分かったことは一度もありませんが、ともかく、カウンセリングは成功しています。

これはどうしてかといいますと、われわれの態度として共感したいという態度はもっています。そして絶対、本当にというまでは分からなかったとしても、自分のやってきた体験を共通の因子として、それにつながっていこうとしています。共感的理解というのは、その人のされたことと、私のしたことがよく似ていて共感できるのでなくて、その人のしたことと、私の体験とは相当違うのだが、あるいは、違うが故に、その違う体験を共通に感じ合おうとしてこそ、二人は深い理解に至るといってよいかもしれません。

だから、家出をしたいという子どもの、家出をしたい気持ちがそのまま分かるのでなく、もっと自分の体験を底の方へ深めていこうとすると、共通の因子として「自立」というものがでてくる。自立の意志は誰にもある。そのところで子どもと接することができる。そういうのがむしろ共感的理解といってよいのかもしれません。それを皆、浅薄に考えすぎて共感的理解というと、人が家出したいという気持ちが、そのまま自分に伝わらねばならないと思ってしまう。それよりも自分の今までの体験と、今、話をしているクライエントの体験との共通の因子、そこまでおりてゆくのだ、ところが、共通の因子にまで到達するには相当深くおりていかねばつながらない。だんだん深くつながっていくと、たとえば、家出ということのために、自立につながっていく。あるいは自殺ということは、そこから大きな立ち上がりを経験しようとしていることが、われわれの心につながってくることになるのです。そういうことを共感的理解と考えるべきではないでしょうか。ともかく、カウンセリングをするうえでは、私はそういう態度の方がいいのではないかと思います。

3　純　粋

最後に、genuine ということですが、genuine ということは誤解されることが多いと思います。純粋というふうに訳してありますと、これも日本人の好きな言葉でして、純粋ということの浅薄な理解をしてしまう。

たとえば、私が今日は五時からクライエントに会うのはつらい、疲れているからやめたいと思っている。すると、クライエントが来たときに、「今日はあなたに会いたくない」

と言うのが純粋だという人があります。これは話が早すぎます。純粋というのは自己一致という言葉もありますが、そういう単純なことを言っているのでなく、自分の心のなかに動いていることはすべて、これを取り上げようというのがgenuineということだと思います。そうすると、五時にクライエントが来たときに、疲れているから会いたくないという気持ちと、せっかく約束しているのだから、やはり会わねばならないという気持ちもあるはずです。ところが、往々にして人間社会では、会わねばならない方だけを強調してしまうことが多い。しかも、会わねばならないというのを、あたかも、会いたいかのごとき顔をする。そういうことはにせ物です。そして、そのようなことがあまりにも多いので、「おれは会いたくないのだ」と言う方が、いかにも純粋に思う人が多いのです。「本心は会いたくないのだ」と言う人がいます。私は、そういう言い方はおかしいと思います。本心は「会いたくない」というのと、「会わねばならない」というのと両方あるわけです。両方あるのが本心です。それを一般には、本心というと悪い方をたたきつける方だと思う人が多い。

このような考え方で、よく言い合いをしている人がいます。「あいつはgenuineでなかった」などといって非難する。しかも、カウンセリング場面ならともかく、社交的なつき合いで「おまえ、遊びに行こうか」と言ったら、「うん、行こう」と言った。ところが、後で聞くと行きたくなかったと分かる。そうすると「あいつはgenuineじゃない」と言ったりしますが、社交的なつき合いでgenuineでやる人はおそらくなかろうと私は思います。社交的なつき合いというのは、けっこうgenuineでない方がすばらしいことが多いのでして、ここで考えてほしいのはgenuineであることがそれほどすばらしいのであれば、なぜクライエントに、時間と場所を制限して会わねばならないのかということです。

時間を区切って、その人だけに会っているということは、実は、ここに書きました三つの条件というのは非常にすばらしいものですが、それだけにものすごい危険をはらんでいるからです。これだけの危険をはらんだ関係というのは、そうふつうの人間関係で、できるはずがない。よほどの人はできるでしょうが、いつもこのとおりにできれば、これはもう神様です。だから、そういう点から言いますと、会いたくない気持ちと、会わねばならない気持ちと両方ある。前に述べました二律背反を思い出してほしいのですが、その相反するふたつのものが高まって、ふたつの音がそのままひとつのハーモニーにとけこんでいるというような態度ができればgenuineだと思います。非常にむずかしいことだと思います。

これは、いろいろなものにたとえられると思いますが、私は、カウンセラーというのは音楽の指揮者に似ている点があると思います。つまり、メロディーだけを聞いていない。

メロディーから低音まで全部の音がそのまま聞こえているのです。われわれ素人が聞いていると、メロディーだけに注意して他の音を聞いていない。ところが、実際はメロディー以外の音が鳴っているからすばらしいわけで、オーケストラの指揮者は、その全部の音をそのまま聞いているわけです。それと同じで人間の心というのは、オーケストラの楽器以上にいろいろと鳴っていると思います。その全部の音を高鳴らすということがgenuineです。ものすごくむずかしいことです。それを、交響楽の低音だけを鳴らして、これが本当の(genuine の)交響楽だというのはおかしいと思います。

全部の音を高鳴らすといっても、われわれの口はひとつです。それだから、一度にふたつのことは言えない。たとえば、「私は会いたくないけれど会おうと思います」と言うのと、「会おうと思っていますが会いたくない」と言えば、もう違います。一番本当は、ふたつのことを同時に言うことだと思います。しかし、これはできないことです。実際、われわれが心の高まりを、ひとつのことで表現することは非常にむずかしい。

しかし、われわれが、カウンセラーという専門の職業を選ぶ限り、他の人よりはそれができるようにならねばならないと思います。自分の心に高鳴った音を、ひとつの言葉で他の人よりも効果的に表現する方法を、われわれは身につけねばならない。そう言いますと、それならカウンセラーは口が上手だったらいいのかと思われるかもしれませんが、それは、むしろ口が上手ということでなく、それだけの高まりを本当に感じた者こそが言える、言葉を出せるということです。あるいは、クライエントがメロディーを奏するときは、カウンセラーは低音部をうけもち、あるいは言葉でメロディーを表わすときは身ぶりは低音を奏して、クライエントとカウンセラーの関係のなかで、ひとつのハーモニーを作りあげる努力を払わねばなりません。

カウンセラーは自分の心の動きを的確に表現できねばなりませんが、そのような意味では、実は、それほどの心の高まりを歌いあげることのできている人は他にもいるわけです。たとえば、詩人であるとか、小説家であるとか、あるいは映画であるとか、あるいは格言とかにみつけることができるわけです。だから、カウンセラーは、そういうことも勉強すべきだと思います。ひとつの詩をみても、ひとつの音楽を聴いても、それがわれわれの心を豊かにします。われわれのそういう心のすべての高まりをひとつの表現に流しこむような形をわれわれが勉強する、研究するということにつながってくると思います。こういうふうに考えてきますと、カウンセラーの勉強すべきことは実にたくさんあります。

ここにまた、よく質問されるのは、**genuine** にやろうと思うがなかなかむずかしい。**genuine** であることと、無条件の尊重ということが両立しませんということを言う人があります。単純に考えている人は、たとえば無条件に尊重したいと思っていると、クライエ

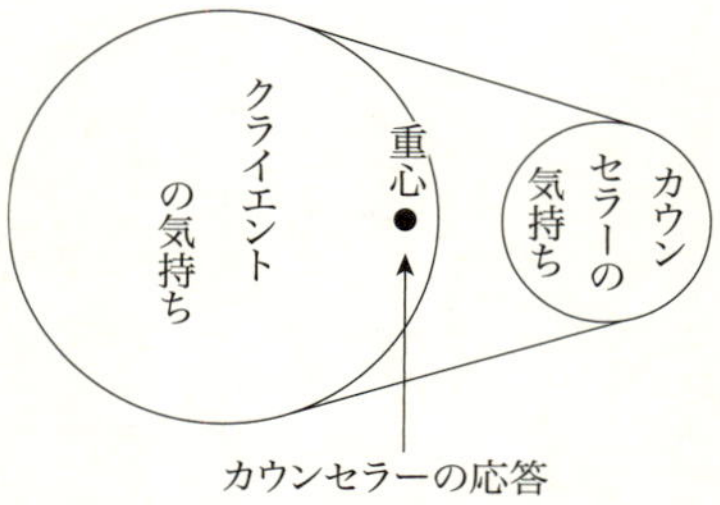

図 4　カウンセラーの応答

ントは死にたいと言う。自分の気持ちに genuine に従うと、ともかく死んでくれたらカウンセラーとして困る。そこで「死ぬのはいけません」と言いたい。しかし、無条件に積極的関心を払えば、「死にたいのですね」と言わねばならない。一体どちらをしたらよいのですかという質問をよく受けますが、今までたびたびくり返してきましたように、そういうふたつのものがあるのをするのがカウンセリングです。そのふたつのなかで、カウンセラー自身がふらふらになって、そのふたつを少しもごまかさずに心のなかで高まらせて迷いぬくことをせずに、ただのんきに聴いているだけで、もしもクライエントがよくなるのだったら話がうますぎると思います。そんなに簡単でしたら、一億総カウンセラーになると思います。

　このようにいっても具体的には分かりにくいので、ちょっと面白い言い方をしてみます。たとえば、クライエントが死にたいと言ってどの程度か分かりませんが、むこうの死にたい気持ちを絵にかいたら、このぐらいの大きさに見えたとします(図4参照)。それに対して、カウンセラーのこれは死ぬのをとめたいという気持ちも、その大きさを絵にかけたとするとこのふたつをひとつにして、これのちょうど重心のあたりをめがけて言葉をたたきこむといいと私はいつも思っています。重心というのは、そこを押すと一番効果的に動くところです。われわれは常に重心のところをねらって、打ちこんでいかねばならない。そう思ったら一番いいだろうと思います。そうすると、なるほど分かったような気になりますが、実際にはなかなか分かりません。分かりませんが、こう言うとちょっと感じがでると思います。

実際場面においては、下手をすると、自分の気持ちを言うのですか、クライエントの気持ちの方ですか、とすぐ割りきってしまう。そのように簡単に割りきるのではなく、そのときのどれほどの小さい声、どれほどの大きい声も全部心のなかに響いてくるカウンセラーほど、genuineというのです。自己一致というのです。だから、良いことも悪いことも、大きい声も小さい声も、全部高鳴ってきて、そこからほとばしり出たものを行なうのです。死んでもらっては困るということのみにとらわれると、相手の死にたい気持ちを無視してしまって、死んではいけないとばかり思ってしまう。あるいは、死にたがっている相手の感情にのみ注目すると、死にたがる人は死なせたらいいと割り切ってしまって、自分のとめたい気持ちを無視してしまう。これは、どちらもgenuineではないわけです。そのような意味でカウンセラーは、クライエントのみならず、カウンセラー自身に対して心を開いていないとだめだと思います。

第一章において、「耳を傾けて聴く」ことを強調しましたが、実のところ、われわれの耳はクライエントのみならず、カウンセラーの内面に対しても開かれていないとだめだと思います。そうして先ほども言いましたように、このような事柄、関係がやはり制限された場面、つまり時間と場所を区切ったところだけで行なわれているということを忘れてはなりません。ふつうの社交的な場面では、こういうことはあまりにもむずかしくて、われわれにはできません。ふつうの人間関係で、相手の言うことに無条件な尊重を払うと、抜き差しならぬ立場に追い込まれてしまって困ることになります。だから、社交的な場面では、われわれは話を「適当に聞く」ことによって、そうならないようにしています。むしろ、そういう深い話を聞かないようにするといえます。

前章で述べた説明に従いますと、カウンセリングでは自我防衛を破って可能性の世界がひらかれ、自己実現の道に入ってゆく、と簡単に言いましたが、自我防衛によって防いでいるものは、それ自体非常に恐ろしいものです。それを取り入れてこそすばらしいが、これを取り入れるまでは、恐ろしいものです。だから、自我防衛を簡単に弱めることをわれわれはしてはいけない。もし弱めるのでしたら、つまり、自我防衛を弱めるような態度で聴くのだったら、その恐ろしいところへ相手が入っていったとしても、自分も共に入ってゆくのだという確信があってこそするべきです。そうでないのに、生半可な聴き方をされると、これはまるで他人の家の床下の時限爆弾を、お宅にある爆弾を爆発させてみましょうかと言って、家までこわしてしまうのと同じことです。もしも、そうするのだったら時限爆弾を完全に外へ持ち出して解体するところまでやらなかったらだめです。これを**genuine**ということに結びつけて考えますと、そこへ近づくということが自分にとって恐ろしいことである。今の場合は、掘り返さずにおいた方がよいということは、皆、自分の心のなかに反応として生じてくるはずです。だから、それに対しても注意深くしないと自分を見失ってしまって、相手にだけ注目して、形式的な受容だけにとらわれ、失敗に終わります。

実際に、自己実現の道といい、カウンセラーが受容することといい、これは非常に大変な仕事です。第二章にあげたような例は簡単な場合で、そういう簡単なのは少ないのです。これは、山登りにたとえますと、私がいくら近くの山にたくさん登ったからといってヒマラヤ登山はできない。といって登ったことのない山には登れないというのでもない。登ったことのない山でも自分の経験、つまり、われわれのもっている理論とか知識を土台にして、新しい山に登ることができます。ところが、新しい山に登った場合に、今までの山とは違うのだという意味で全部同じではないということも考えながらやってゆかねばならない。

カウンセラーも同じことで、知識として、理論としてもっているのですけれど、新しいクライエントの来た場合には、これは、やはり、どんな新しいことがあるかも分からない。といって、やはり全然違うということもありません。その場合大切なことは、自分は今の状態でしたら、どの程度の山登りができるかを忘れてはならないことです。自分は何千メートルまで登ったから、次は何千メートル位まで登ろうかということを知っておくことが大切です。自分の能力をよく知っていることは、専門家であるための条件のひとつです。近くの山に何度も登っているうちに、アルプスのガイドになれると思いこむような危険なことがないように注意したいと思います。

私は、ある人がヒマラヤ登山されたときの映画をみて、ものすごく感激しました。その山をきわめるために、何十日という日も費やした。ふもとから第一のキャンプに行くまで何日かを費やし、しかも、その間に天候が悪いために、とどまってチャンスを待つ。それをくり返していくわけです。これは、私はカウンセリングとまったく同じだと思いました。実際、われわれカウンセリングをしていても自己実現とばかりいえなくて、ただ、晴れる日を待って一ヵ月過ごすこともあるわけです。あるいは、ふもとにつくまで三ヵ月ということもやっています。そして、この山登りの場合、それほど日数をかけて、頂上を目前にしながら最後に一人遭難した人があったために頂上をきわめずに帰ってくる。せっかく、頂上を望みながらも、この遭難した人の命を救うことに全力をあげ、静かに山を去るわけです。

これは、われわれも同じです。長い間天候を待ち、長い間かかって進み、「いま」というときに、ひとつの失敗のため成功しない。そのときは被害を最小にくいとめることに力を尽くしつつ、次の機会を待つより仕方のないこともあります。しかし、また一面思いますのは、あれだけの準備と苦労とあれだけの覚悟を、われわれはカウンセリングに対してもっているかどうかということです。専門にそれをやっていますという人は、野球にしろ、相撲にしろ、山登りにしろ、ものすごい修練がある。同様にわれわれもカウンセリングを専門にするということは、よほどの覚悟と勉強がいるということを忘れてはなりません。それだけの準備、心構えをわれわれはもたねばなりません。ともするとクライエントが自分の力で治っていくということに安易になって、自分の責任、力量、そういうものの反省が足らないのではないか。皆さんも、やりかけたからには不断の努力を積みあげてほしいと思います。

第五章　ひとつの事例

第一節　「事例報告」の前提条件

この章ではひとつの事例について述べます。今まで理論的な事柄について触れてきましたが、ここではケースを取り上げました。というのは、まず第一に、理論は理論としていろいろ申し上げましたが、実際にやりますと理論どおりにいかないことが非常に多い。実際問題としては、ひとつひとつむずかしいことが出てきて、そのむずかしいことを解決する理論というのはほとんどない。そのたびごとに迷いながら、あるいは、失敗をくり返しながらやらねばならない。そういうことを知っていただくために事例をあげることにします。今まででも少し事例らしきことには触れましたが、むしろ理論を説明するのに非常にきれいに説明できるような事例をあげていました。そこで、皆さんはなかなかうまくゆくと思われたかもしれませんが、それはむしろめずらしくて実際にはうまくいかない場合の方が多い。そのきれいにいかなかった方の事例をあげます。私がずいぶん迷いながら、失敗しながらやっていった事例をわざわざ取り上げるわけです。そういう意味で聞いていただきたいと思います。

それと、もうひとつ初めにお断りしたいのは、事例を話すことは、まず第一にクライエントにすまないといわねばなりません。つまり、クライエントの秘密を守ることを前提にしてやっておきながら、それを公開することは非常にすまない。そういう意味では、事例をいつ、誰に、どんな形で言うかについては、われわれは非常に慎重にならねばならない。私もそう思いますので、なるべく話したくはないと思いながら、しかし、事例をあげないと本当のことは分かりにくいというジレンマにおちいるわけで、そのジレンマのなかでとうとうこの事例をあげることに決めました。

そして、もうひとつ、いつも私が思うことは、事例という言葉自体からして腹が立つというかそういう気持ちになる。というのは、実際に会っているときは本当に人間対人間として会っている。ところが、こういうところで発表するとなると「事例」という言い方をし、この人はこういう人ですと相当客観的な見方をしなければならない。すると、この人はこういう性格だとか、このお母さんはこういうタイプだというが、実際に一対一で会っているときには客観的なものではなくて、もっともっと主観的にどろ沼にはまったような気持ちでやっている。それを客観化していうことは、クライエントとの関係を断ち切るようですまないという気がする。しかし、やはり客観的に叙述することは必要だと思います。

しかし、そのケースが私の心のなかで生きている限りは話すべきでない。こういう公開の席で言うということは、極端にいえばそれを殺すことになる。しかし、やはり何かを殺すということは、われわれの成長のために必要なことであると思うのです。ただ早く殺しすぎて失敗することがあるし、どこかで客観化するということが必要な場合もある。殺すという極端な表現を使いましたが、それは、言ってみれば、なま木では家が建たない、木を枯らさないと家は建たない。木を枯らしてわれわれのものを建てる素材にする。しかし、早く殺してしまったのでは木が大きくならないから、木が十分大きくなるまではわれわれは生かしておかねばならない。しかし、ある「時」が来たときには、切って殺してしまわねばならない。

私が今から申し上げる事例は、もう四年近く前で、私としてもこういうところでもう申し上げてもよいのではないかと思っています。もうひとつ困ることは、先ほど申しましたように、公開の席で言うときには、古い自分のなかでもう言ってもよいような事例をもってくる。ところが、古くなっているために大分忘れている。生きているのを言うと生き生きしているが、それはあまり言いたくない。そういうジレンマも常に感じるわけですが、私としては公開する度合いが強くなるほど古い事例をあげます。非常に少数の人たちと殺さずに生きたままの会話が行なわれて、事例が死なないそのまま生きて心に返ってくる確信があるときには新しい事例を話す。今の場合は相当古いので、殺した客観化したものの言い方をすることになると思います。

第二節　事　例——不登校の高校一年生

最初の面接と母親の特徴

これは、高校一年生の不登校の子どもです。まず最初に会いましたのは、ある年の九月七日です。この日は偶然に、あるひとりの不登校の人がよくなって、ちょうどその母親がお礼に来られ、「ありがとうございました」と帰ってゆかれた次の時間に、これから申し上げるケースの人が来られました。どうしても本人がやって来ませんので、母親と担任の先生が来られました。お母さんに会ったときの印象としては、田舎の人だが知能程度の高い、かしこい母親だという感じで、いってみれば、相当みごとな防衛をもち、だから淡々として子どものことを話されるが、行き届いた話をするなかで自分の責任をうまく回避されている、そういう感じがしました。

ここで少し不登校についてつけ加えると、これは、不登校のカウンセリングをされた方は皆経験があると思いますが、その人のお母さんはたいへんむずかしい人が多い。このことについて私は他にも発表していますが、簡単にいいますと、そのお母さんとは温かい接触は非常に困難で、冷たい感じがする。そういう感じの底で、その人は自分の子どものためには何でもするという、むしろ無意識の愛情とでもいいたいものをもっている。意識的には非常に冷たく感じさせながら、もう少し底の世界では子どもをがっちりつかんで離さないという感じである。それの程度の非常に強い人が来たわけですが、私はこの人と話をして、相当手ごわい人がやって来たという感じが実際にしました。

次の約束の時間には子どもを連れて来られるが、本人は部屋に入ってこない。外でがんばっている。このへんは詳しく申しませんが、いかにがんばっていても結局は入ってきます。そして、私の方へは向かないで、横を向いたまま全然話をしない。全然話をしないが、こちらが適当に、「学校へ行っていないそうやな」「行きたくないのか、行けないのか」と聞くとそれを黙って聞いている。それでいい加減時間がたちましたので、「今日はあまり話ができなかったけど、この次来るか」と聞くと、その子は「来る」と首だけふって返事をする。

この頃は私がスイスから帰ってきてあまり日がたっていない頃です。だから、西洋的に訓練を受けた私は、日本人に対してどういう治療をしていくか迷っていた頃なのですが、とにかく、西洋的に訓練を受けた私としては、この子と私の人間対人間、個人対個人の関係をもとにしてがんばってゆこう、母親は非常にむずかしい人だから、母親に私があまり当たらないことにして、しかし、母親の方のカウンセリングを他の人にお願いしようと同僚に頼み、私はこの子と一対一の関係でがんばろうと思いました。

この子が来ると言ったので、「○月○日○時に来てください」と紙に書いて渡した。これはどういうことかというと、「あなたと私の約束ですよ」ということを非常にはっきりさせたわけです。そうすると、この子はたちまちにしてその紙で飛行機を作り、パッと飛ばすわけです。それを見て、私はなかなか頭のよい子だと思いました。そういうことをすぐにできる、何か気がきいたことをやる子だと思い、「えらいよく飛ぶな」と私が言ったのですが、そのときの感じで少し心が触れたようでした。

あとでもっとよく分かりますが、高校一年生というのは、ある意味では私と話をしてよくなりたいという気持ちと、ある意味ではこんな人と話をしても仕方がない、話をしたくないという気持ちと非常に葛藤している。お願いしますと言えないし、困るとも言えない気持ちで、それをどう表現してよいか分からない。このようなとき、半分関係がつくような、半分飛び出したいような気持ちを表わすとするならば、紙飛行機を飛ばしたというのは最も適切な表現であるのかもしれません。母親はおおいにあわてまして、「バカな」と叱っていましたが、私はなかなか面白いと思いました。

そして、次の約束の時間に待っていると、来ません。これは、型のごとく来なかったと言っていいかもしれません。そして、約束の日でないときに母親がやって来ます。これも不登校の人をすると非常によく起こることです。これは母親が計画的にやっているわけではありませんが、心の底を言いますと、こちらのペースでなくて母親のペースでことを運びたいということのひとつの表現だと思います。つまり、こちらのいるときには来ないが、自分の来たいときには来る。これは、もう少しうがった言い方をすると、カウンセラーのペースに乗ってしまったのではどんなことになるか分からない、自分は、自分の子どもさえよくなってくれたらよいのだから、もう少し私のためにがんばってくださいということを言っているのだと思います。

カウンセリングはクライエントのペースで行なうものですが、完全に相手のペースではなく、時間と場所に関してのみは、カウンセラーのペースを守ることになっています。それさえこわしてしまいたいと、この母親は望んでいるわけです。私はそこまで譲歩できませんので、あらたに約束をしなおします。すると、約束の日にまた来ません。そして、夜になると電話がかかってきて、「私は用事があったのでよそへ行っていて、子どもは行くように言っておきましたが行ったでしょうか」と、夜の九時頃に電話がかかってくるわけです。

これも、こういう母親の特徴です。どこか自分は意識していないのだけれど、カウンセリングの場面から逃げ出して、子どもを矢面に立てようとする。それでも、もちろん子どもは来ない。これは、少し私の力ではいかんともしがたい大人物が来たなと思いながら、それから連絡がありませんので、どうしようかと迷っていましたが、十月の初めになりますと電話がかかってきまして、「お陰さまでもう子どもは学校へ行っています」と言うわけです。子どもに一回会って飛行機を作ったのと、母親にちょっと会ったぐらいですが、子どもが学校へ行っているということです。そのときに私が思いましたことは、これは、人格の変化を行なわずに学校へ行ってしまったなという感じです。つまり、カウンセリングを受けて、この母親が変わり、この子も変わってゆくという大変な仕事をするくらいなら、無茶苦茶でも学校へ行っている方がまだ気楽だ、というとおかしいかもしれませんが、そういう感じです。だから、治って学校へ行ったのではなくて、むしろ自己実現の苦しみから逃れるために学校へ行ってしまったとさえいえると思います。ともかく行くようになったのはけっこうだが、どこまでつづくかしらと思っていましたところ、そのとおりでして、少し登校してまた行かなくなりました。

自宅に来てくれと言われて……

十一月九日、今度は母親でなく、祖父から電話がかかってきて「ぜひとも会いたい」ということで祖父に会いました。そして、祖父が来て話をされるには、「実は、二、三日行っておったが、あれからすぐ行かなくなった。それからは昼の間じゅう寝ている。そして夜になるとゴソゴソ出ていったりする。これは精神病だ。母親は絶対に精神科へ入院させるという。精神科医に電話をして、〈麻酔を打って連れて行ってください〉と申し込んだところ、精神科医に〈それはできない〉と断られた。私としては、母親は子どもを入院させたがっているが、自分はそんなにへんでないと思っている。だから、何とか話し合いによって治していただけるということだったら、会ってやってください。何とかお願いしたい」と言う。

そこで、私は、「しかし、面接室に絶対に来てもらわなければ困る。私が会いに行くことはしないから、そこまでおじいさんが決心しているのなら、本人の首に縄をつけてもよいから引っぱってきなさい」と言いました。

そして、一週間後、祖父が本人を連れてやって来ました。すると、本人は前よりもポツリポツリ話をし始める。どんなことを言ったかというと、「母親はぼくの頭がおかしいから入院させようとしたが、ぼくはどう考えても、おかしいと思っていない。そして、母親がついに医者を連れて来たが、自分は大屋根まで登ってがんばっていた。医者が根負けして帰っていった」そういう話をする。しかし、何度も話が途絶えてため息をくり返す。しかし、つづけて来るという。ところが、また約束した時間には来なくなります。そして、もちろん母親は全然出て来ていませんから祖父も来ない。そして、本人も来ない。

この頃、私としては実際迷っていた。何とかしたいという気持ちがあるが、何とかしたいからといって私が行ってやったりするとあまりにも頼られてしまう。そして、それでは何にもならない。だから、どうしても向こうの意志で来るようにがんばらねばならない。だから、来なかったときでも、「なぜ来ないのですか」「もっと来てください」という電話をしていない。もう少し向こうの出方をみようとする。そうすると、そんなことをくり返しているうちに、今度は十一月十九日、祖父だけがやって来る。そして、「この頃、子どもは寝ているだけでなしに、母親にすごい乱暴をする。母親をなぐりつける」と言う。これは、不登校の子で、非常におとなしいよい子といわれる子でも、母親だけなぐりつけるという子が非常に多いのです。それは、母親と本人との間に心理的な問題があることを如実に示しているのです。そして、祖父が言われるには、人をなぐるので母親が怒って、この子を殺して自分は自殺すると言っている。そして、自分の家の家系のなかには侍のような人がいて、なかにはいざというときには、自殺、切腹して死んだ人もいるという話もでる。つまり、「先生が放っておかれるので、これ以上放っておかれると、うちの嫁と孫がおそらく死ぬでしょう」と言いたいわけです。そして次に、「どうか、ぜひうちに会いに来てほしい」と言われる。

私は、この話をずうっと聴いていて、そして結局は、「こちらへ来てもらわない限りは私は会いません」と断る。考えてみると、これは非常に残酷で、人が自殺しかかっているのに放っておくようにみえますけれども、うっかり出ていくとこれは大問題です。しかも私は母親に会っているので、母親が相当な人であることが分かっている。うっかり会いに行って母親の言うままに動き始めると、本当に大変なことになる。これは、不登校の母親に会われたことのある人は、誰もが経験されたと思いますが、「来てください」と言われたので行くと、「次はこうしてください」「次はこうしてください」とどこまで動かされるか分からない。

事実、この事例でも私のところへ来るまでは、ずいぶんあちこち行っておられる。そしてその間には、なかには学校の先生で、この子を学校へ連れて行くためにスクーターに乗って走った人もおられる。ところが、皆結局は失敗する。スクーターに乗った先生は、交通事故に遭ってしまう。私は命が惜しいので行かない。祖父はずいぶん不満な顔をして帰られました。死ぬという脅しをかけたのに悠々として聴いていて、「では、また今度会いましょう」と私が言うので、私は実際はそういうものの、心のなかでは非常に迷いました。ここで行かなかったら二人の人が死んでしまうかもしれない。行ったら私が死ぬかもしれない。そういうところで、なろうことなら、せめて自分の命を助けようと思い、ともかく行かなかった。

そうしたら翌日、祖父から電話がかかってきて、「ぜひともお宅へ今晩おうかがいしたい」と言う。私は、このときまで自分の自宅でクライエントに会ったということは一度もありません。やはり、クライエント対カウンセラーの関係は、今までにも申し上げたかもしれませんが、深くて親しくない関係であり、親しくなることの危険性をいやほど知っていますので、絶対に自宅では会わなかった。ところが、向こうがわざわざ自宅で会いたいと言ってきたということは、祖父にすれば、私と早く親しい関係をもちたいということです。あの先生はずいぶん話を聴いてくれるし、親切そうだが、本当に親切かどうか分からないということでしょう。自宅へ行きたいと言えば自宅で聴いてくれ、来てくださいと言えば本当に来てくれる人が本当に親切なのではないか。そのへんのところを試したいというわけです。そこで私は、これはまた自宅へ来て同じ話をして、また子どもに会いに来てやってほしいと言われるにちがいない、これは、そもそも自宅へ来るというのを「自宅へ来るな」と断ってしまおうか、そうすると、ここではっきり縁は切れるけれども、これは仕方ない、私の力にあまるのだから、とそう思っている反面、どうしてもそう言い切れないのは、実は、この少年、高校一年の子に会っておりますが、その子がすごく私と感じが合うところがある。そもそも紙の飛行機を飛ばしたあたりから、その子を私は完全に好きになっている。だから、その子のことを思うと、無碍《むげ》に切ることができない。

取り組みを決心する

切ることができないし、行くのが恐いと思っているところへ、ちょうど母親のカウンセリングを担当していた同僚の高橋さんが、私の家に遊びに来られました。私が、高橋さんを相手に、「実は、今電話がかかってきた。切ろうか切るまいか迷っている。切ったら気の毒やし、行ったら私が危ないし」など、いろいろ相談しました。実は私は、自分のしている事例を途中で人に相談するということは絶対といっていいぐらいありません。よほどのことでないと相談しません。というのは、人に相談するよりも、その苦しさを私が耐え、その苦しさを死にものぐるいになってもっていくことが、カウンセリングのひとつの過程だという考えが強いので、なかなか人に相談しないわけです。ところが、このときはたまりかねてしゃべったのです。すると、高橋さんは「フン、フン」と言って聞いているだけで何も言わずに帰ってしまった。これは、もちろん一番いい方法なのですが。そして私は、高橋さんに話をしているうちに非常にはっきりと「これは絶対に私にとってやめられないケースだ」ということが、何となく心の底で分かってきた。そこで、私は危険であろうけれども、ここまでやりたいと思うのならば、ひとつやってやろうという決心がついたのです。

このへんは相当理論的なことを言わねばならないかもしれませんが、先ほどのお母さんという人が、冷たい何か心の交流のない人、ところが、心の底の方で子どもをギュッとつかんでいるような人と言いましたが、そういうお母さんを相手にして、この母親を変えねばならぬのにその人も出てこない。これでは仕方がないと思っていた。実は、そういう考え方で対しているのが問題で、そのような母親であれば、もう少し子どもをつかんで放さないような母親的なものをカウンセラー自身が体験してみるといい。お母さんを変えようというのではなく、その前にそういう生き方をカウンセラーの私が、死にものぐるいになって生きなかったらだめなのではないか。そう考えると、私はここのところは、とことん行ってやろう、母親が子どものためなら何でもやろうというのと同じように、私もそれをやってやろうと決心したわけです。

そこで、早速おじいさんに電話をして「今晩会います」と返事したわけです。すると、非常に嬉しかったことには、祖父と母親が一緒に来られました。今まで敵の大将に初めに会っただけで、後は陰に隠れて来なかったように考えていたのですが、私が祖父に会うと言ったときに母親も来られたので、非常に嬉しく思いました。そしてやって来られて、祖父と母親が私の前で討論会みたいなことをして、「あの子は頭がおかしいから病院へ入れる」と言う母親と、「絶対に入れるな」と言う祖父とがながながと討論をされる。

私は黙って聴いていました。そして言いましたのは、「まず第一に非常にはっきり言えることは、お宅の子どもさんは頭がおかしくありません。それからもうひとつは、頭がおかしくないけれども、これは精神科医のところへ行って病院で治るかもしれません。私がやるよりもその方がいいかもしれません。あるいは、私のところへ来た方が治るかもしれません。それは実は分からない。私が願っているところは、お宅のお子さんがよくなることで、私が治すということが目的ではないので、精神科へ連れて行きたいのならどうぞ行ってください、いくらでも紹介しますから。あるいは、私のところへ来たいというのなら来てください。その代わりに、来たからには皆、心を合わせてやりましょう。お宅の子どもさんが学校へ行っていないということは、お宅の子どもさんだけの問題でなくて家全体の問題であるように思える。だから、この子が治るということは、お母さんもおじいさんも一緒になって、家全体が山登りをするのと同じだ。その山登りを私と一緒にやろうとそちらが言われる限りは、私は絶対に最後まで行きます。ただし、私とやらない、他の人とやるというのならそれも非常に結構です」。そうすると、この人たちもずいぶん心が近づいた感じで「どうかお願いします。やりましょう」と言われるので、私も「そう言われるのでしたら、明日お宅へうかがいましょう」ということになりました。

一緒に自転車に乗る

このとき、私は決心していましたので、翌日その家へ行きました。昼に行ったのですが、本人は寝ていました。いつも昼寝ているわけです。ところが、私が行きましたら、本当に嬉しそうにニコニコして出てきました。家へ行った感じとしては、非常に大きい家ですが、大きくて冷たくて暗い家という感じです。

私としてはその家のなかでその子と話をすることが耐えられなかったので、「君、どこか外へ行こう」と言うと、非常に喜んで外に出てきます。そして、私が「君、自転車に乗ってどこでもいいから行こうやないか」と言いました。これは、なぜそういうことを言ったかといいますと、実は、この子は昼の間じゅう寝ているのですが、夜になると、自転車であちこち走りまわっているわけです。それが非常に遠くまで行っている。これは、私のみるところでは、この子は、母親というか家のなかに本当にがっちり閉じ込められている感じで、学校へ行っていない。ところが、そういう母親と心の底でひっついているような子の心のどこかでは、独立したい、自立したい気持ちが働いている。そのときに、本当の自立はできないけど、自立のまねごとでもして、せめて自転車で夜中飛び出すことはやっているわけです。いうならば、この子の自立したい本当の動きは、そのまま動かず、どこか陰の方で動いている。もちろん、本人もそれには気がついていないのです。そのときに、私が一緒に自転車で走ろうと言ったことは、その子が家から飛び出して、どこでもどんどん家から離れたところへ行きたいというふうな気持ちを行動化するとき、私も一緒にやってみようと思ったのです。

そして、自転車で走りますと、この子はすごく話をする。今まであまりものを言わなかった子が、調子よく話をして、「実は、自分は小学校のときも学校へ行かなかった。中学校のときも、幼稚園のときにも、学校が嫌いになったことがある」など、いろんな履歴を話してくれる。幼稚園から始まっているのですから、不登校の「つわもの」です。そして、「何やわからへんけど行けなくて、何でやわからへんけど行くようになったのや」と言います。自転車で相当走りましたが、非常に気持ちよくて、私が、「じゃ、さよなら」と家へ帰ろうとすると、「先生の家まで送っていく」と私の家まで来ました。そして、私の家まで来ますと、私がとめる間もないのに、私の家へこの子が先に入ってしまいました。そして、私がびっくりして飛んで行くと、私の子どもと遊んでいる。先ほどから言っているように、親しくない関係どころか、あれよあれよというちに、この子はうちの子と親しくなってしまったのです。

カウンセリング以前のところで……

そのときに思いましたのは、この子の治療というのは、私の考えているような「深いが親しくない関係」というようなことではだめなので、どこかで相当親しい関係をもたずには進まない。ただし、親しくすることによってたしかに深みを失っているということは分かる。つまり、どうしてこの子が学校へ行けなくなったのかとか、この子はどういう自己実現の仕事をしようとしているのか、あるいは、母親はどう考えているのかなどと、前章までに述べてきた人格の変容というような意味でのカウンセリングは、何も行なわれていない。ただしていることは、一緒に散歩したり、家に飛び込んできて遊んだりしていることだけが行なわれているけれども、これは仕方ない。これをするよりほかに仕方がないと思いました。

ここは、そういう方法に頼っていこうと思いまして、この子が自転車で行ったのを非常に喜んで、「先生と一緒に弁当をもってどこかへ行きたい」と言うので、次の休みの日、二十三日が休みでしたので、その日に弁当をもってハイキングに行きました。私は、この頃はもっぱらなるべく本人との関係を大切にして、家へ行ったからといって、なるべく母親や家族の人と話をしないようにしました。これは、誰かに会うとかえってむずかしくなるからです。つまり、この子にすれば、自分の味方か母親の味方か分からなくなる。これは困るので、本人になるべく焦点を合わせるわけです。

この日は、初めて父親に会いました。それまでは、父親がおられるのかどうかはっきり分からなかったぐらいの感じでしたが、父親は、だいたい不登校児の家庭の人はそうですが、あまり家では権力が強くない方です。だいたい母親が何でもやっておられる。なお、この少年は一人息子でしたが、これも不登校児に多いのです。

さて、このようにしていますと、この子が私の家へどんどんやって来だしたわけです。あれほど私に会うのをいやがっていた子が、家へどんどんやって来る。それも夜やって来て、窓へポンと石をほうる。パチンと音がして開けたらその子が来ているわけです。というのは、表から「ごめんください」と一対一の関係で入ってくることができない。ポンと石をほうって、開けてやって「入るか」と言うと入ってくる。私もえらいことになったと思ったのですが、もう相当決心がついていました。つまり、母親の温かさがないのだったら、子どものためとあれば何でもしてやるという母親に私がならねば仕方ないという気持ちがあったので、「よし、ここまでやったらとことんまでやってやろう」という気持ちもありました。だから、来たら「よし入れ」と入れてやる。入ってきますが、来るのは非常に嬉しそうに来ますが、あまり話はしない。あまり言うことがない。何も言わないのだけれど、私のそばに座っていて、ときどきものを言ったり新聞を読んだりする。そして、いい加減たったら、さっさと帰っていく。だからこの頃は、二十四日、二十六日、二十八日と、二日おきぐらいに会っています。会っているというか、向こうが来てくれた。

そして、ポツリポツリと話すのを聴いていますと、「自分の家は農家だが、自分の母親は商売もしていて、仕事によく出てゆく。小さいときから母親が仕事に出ているし、父親は勤めているし、祖父は畑に行っているし、一人だけで女中に育てられた」と言う。つまり、母親との接触が非常に薄かったわけです。大きい農家の家なのに、なぜ母親が子どもを放ってまで商売に行くのかと非常に疑問に思いました。そんなにもうけなくとも、子どものために家にいればよさそうなのにと思いました。

この頃、深さを犠牲にして親しくしてゆくより仕方がない、いわゆる内面的な変化というよりも、とにかくベタッとひっついて、ここに母親がいる、つまり私が母親になって、それを体験することから始めようと思いました。そのため、こちらから積極的に働きかけて、私が家族とハイキングに行くときは、弁当をもって一緒に遊びに行ったりしました。そういうことが大分つづきました。

正式の面接も始める

そうしながら、それでもだんだん正式の面接は大学で会うことにしました。これがふつうと違うところで、ふつうなら親しくなってしまうとベタベタしてしまって、もう家と家の交流になってしまって、それで終わりになるのですが、私としては結局のところ、やはりカウンセラーとクライエントの関係にもどし、その次には、自分は自立して私から離れてゆく子になってほしいという気持ちがありますので、やはり大学で会うようにしました。そうすると大学へ来るようになりました。家にも来るけれども、面接の時間には大学へ来るわけです。

そして、十二月七日、といいますと本格的に会い始めてわずか一ヵ月ですけど、始終会っていますから私の気持ちとしてはすごく長い間会ったような気がします。その十二月七日に面接していると、「明日から登校する。自転車さえ買ってもらったら登校する」と言い出します。このように、自転車さえ買ってもらったら登校するという子はよくあります。これは、自転車というのは、何か家から独立して乗っていく、自分の好きなように自分の気持ちどおりに走ってくれるもの、という意味が大きいのではないかと思います。私の知っているだけでも、自転車さえ買ってもらったら登校するといった事例が三、四例もあります。それで、こういうことを言い出したので、しめしめと思いました。実は、この子の家に自転車はあるわけです。しかし、新しい自転車がほしい。実は、その前日の夜に、自分の家から学校まで大分長い間かかって、二時間近くかかって一度学校まで行ってきている。そして、何時間何分で行けるということを計ってきた。そして、「自転車さえ買ってもらえれば明日から行く」と言うわけです。

「喜びすぎてはいけない」ことを教えられる

そこで、私は非常に嬉しくなります。「それで、どうしようか」と言うと、「おかあさんも呼んできてください。おかあさんの前で話をする」と言うわけです。それで母親を呼んできて、三人で話し合いをすると、母親もすごく喜んでくれます。そして母親はいそいそして、「帰りに自転車屋に寄る」と言うわけです。「自転車屋へ寄っておまえの好きな自転車を買ってやろう」ということまで決まりまして、別れました。私も悦《えっ》に入っていましたが、やっぱり何回も会ったかいがあったと思っていましたが、夜中遅く、電話がかかってきて、母親から「先生のお宅へまた行っていませんか」と言うのです。「来ていません」と言うと、「これはえらいことや」というわけで、「実は、自転車を買うつもりだったのだけれど、いっぺんおじいちゃんに相談して、と思って途中で買わずに帰ったら、おじいちゃんが反対して、〈それほど行く気があるのだったら、無理をせずにバスで行ったらいい。バスの方がねだんも安いし、カゼもひかないし〉という話をながながとするうちに、子どもは行くのがイヤになってきたわけです。そして祖父の説教の終わった頃にプイと出て行って、先生のところへおじゃましていると思っていたのだけれども、十二時近くになってもまだ帰ってきませんので、いい加減に帰るように言ってください」と言うわけです。

ところが、私の家には来ていない。「来ていません」と言うと、親が非常に心配されて「家出をした」と言うわけです。私もたいへん心配になってきたのは、「学校へ行く」と言ったのを、私も少し野放図に喜びすぎたという気持ちがあったからです。

私が喜びすぎたということは、これは「行け」と言うのと同じことです。カウンセラーの立場としては、行こうと行くまいとかまわないというので会っていてこそカウンセラーですけど、そこがちょっといいことを言ったので喜びすぎたということは、クライエントに対して相当圧力がかかっているわけです。これは、何もカウンセラーは喜ぶべきでないということではありません。嬉しいときはもちろん喜んでいいのです。しかし、喜びすぎることはよくない。これは、どこかでクライエントの気持ちを無視して、カウンセラーの気持ちをおしつけることになっています。先生があれだけ喜んでくれた、母親があれだけ喜んでくれた、ところが、行こうと思っていたのに行けなくなってしまった。行こうという気持ちと行けないという気持ちの葛藤の末、だめになったとき、特にこういう子は家出をして帰って来なかったり、それから、めったにありませんが、自殺しそうになったりということもあり得るわけです。

そこで、私もびっくりして、十二時を過ぎていましたが、自転車であちこち走りまわって両親と一緒にさがしまわったがいない。それで仕方がないので私は家に帰ってきて「仕方がない。しかし、家の電気さえつけておいたら、私が起きていると思うだろう。起きているということが分かったら、来て石を投げてくれるかもしれない。パチッといったら出たらいいのだから、電気をつけておこうか」と家内と話をしていましたら、そのときちょうど窓の下にその子が来ていたわけです。そして、私たちが話をしているのを聞いて、安心して石をポンと投げましたので、「お、来ていたのか」と言うと「先生、言っていたのはみんな聞こえていた」と言うのです。家の小さいのはこういうとき便利です。学校へ行きはしなかったが、変な家出などということにはならなかったのでほっとしました。

登校の決意はしたが……

次の面接に来ましたのは、十二月十二日。私はそのとき、前のことをすまないと思ったので、「このまえ喜びすぎてすまなんだな」と言っておきました。「初めにも言ったとおり、君は学校へ行っても行かなくてもかまわない。そう言っておきながら、学校へ行くというのでえらい喜びすぎたな」という話をしました。すると、その子が思い出話をし始めて、小さいときに学校へ行かなかったときの話とか、いろいろしてくれます。そして、「このまえはお母さんを呼んできて喜びすぎたけど、今日はぼくは黙っていて、黙って学校へ行く」と言うので、「それはけっこう」と言って帰ったわけです。そうすると、夜中の十二時に石の音がして、この子が入ってくるわけです。そして、「明日学校へ行く決心をしたのですが、自分はいくら決心をしても朝目があかない」と言います。不登校にこのような子は多いのです。いくら決心しても朝目がさめない、朝目がさめないときに親に起こされると、腹が立ってケンカになって行かないときが多い。「だから、いいことを考えた。今から徹夜する。徹夜していたら、朝目がさめているから。家では徹夜させてくれないので、先生の家で一夜明かしたい」と言う。

実は、少し傑作なことをつけ加えると、私はその翌日京大で心理療法の講義をすることになっていて、それをそのとき書いているのですが、「クライエントとは、親しくない深い関係をもつものだ」ということをノートに書いている。その子は横でねぼけまなこでチヨコンと見ている。私は、「クライエントとむやみに親しくなることを避けるべきである」などとノートに書きながら、苦笑せざるを得ませんでした。どうせ眠ると思っていましたので、「まあ起きとれや」と言っていましたが、私が講義を作っているうちに、やはりその子は寝てしまいました。ふとんをかけて寝させておいて、私も寝ました。ところが、朝起きたらいない。どうしたのかと思っていると、家に一度帰って、私に申しわけないと思って朝ごはんを食べて来ている。そして、行こうかと思うのですが、なかなか行けない。「先生ついてきてくれるか」と言うので、「よし、それならついて行ってやろう」というわけで、バスの停留所まで行くと足が進まなくなります。

ところで、前から言われていたのですが、祖父が一回目に会ったときからずうっと「いっぺんタクシーで連れて行ってやってください」と頼まれている。自分で連れて行こうと言わないのがミソなのですが「先生、いっぺん連れて行ってやってください。いっぺん行ったら、くせになって行きましょう」というのが、おじいさんの理論である。そのとき、いつも私は「ハー」と言うだけで、実際には出ていかないわけですが、ここまできたので、ついにタクシーを頼んで私は乗って行きます。

このとき私が思いましたのは、いままでは私は母の役割でひたすらこの子を抱いている方にまわっていた。ところが、とうとうこの子は行くというときには、つらくてもいやでも行くものは行かねばならない。どんなにつらくても学校というところは行くところだという、つまりおやじの役割、ここの家はそれほどおやじさんが強くないので、私は父の役割をするときがきたのだと思うわけです。だから、タクシーに乗って恐い顔をして行ったのですが、その子が後で言っていましたが、「先生のあんな恐い顔みたことない」。ずいぶん恐い顔をして行ったのだと思います。何にも「行け」とも言わずに黙って座っていました。そして、途中で降りて学校の門まで行くが、本当に一歩も足が進まない。歩けなくなる。私も「歩け」とも言わないし、「行くな」とも言わないで、ずうっと立っていました。恐い顔して。そうしたら少しずつ歩いていくわけです。そして、とうとう担任の先生を呼んでほしいと言うので電話をかけた。そうしたら迎えに来られて、この担任の先生も非常に熱心ないい方でしたが、「おい、入れ」と言われるが入れない。どうしようかと思っているとと、その子が「行くのやったら一人で行きますわ」と裏門から駆け込んでいった。それを見とどけて、私は京大へ行ったわけです。

「あの子は精神病ではないか」と言う母親

とうとう行ってくれたなと思っていましたら、あくる日の晩、母親から電話がかかってきて「あの子は行っていないのですけど」と淡々とした調子です。「登校はしていませんけど、夜にまた出て行って帰ってこない。また先生のところへおうかがいしていませんか」と言われるわけです。私は、もう行ってくれているものだと思っていたのに、そういうことでびっくりしました。「私のところへ来ていません」と言うと今度は両親そろって私の家に来られました。そして、「前の日先生にせっかくタクシーで連れて行ってもらったけれど、あのときはすぐ帰って来て今日も行っていない。……結局は精神病でしょうか」。この言葉はお母さんから何回もでてきます。何かよくないと、「あの子は精神病でないか」と。

この気持ちはよく分かります。この母親として、心の底には子どもを絶対離すまいとするような、強い強い結びつきがあり、またその反面、切り離してしまいたいという反作用も強く存在している。母親の子どもに対するこのような両価的な感情は誰にもあるわけですが、それが意識されずに心の底にあるだけに、その対立がひどくなる。だから、ふつうの母親が子どもをふつうに可愛がるようにではなくて、子どもに対する結びつきも、つき離し方も強くなるのです。子どもは精神病だから入院させるべきだとの強い断定は、そのつき離す方の心の動きです。あるいは、このお母さんも何度も言われましたが、「あの子を殺して自分も死にたい」ということは、この両価的な感情を端的に示しているものと思います。

さて、私に向かって、子どもが精神病だとか、死にたいとかいろいろ話されるうちに、気持ちが落ちついてきて、また心を入れかえてがんばろうということになって、両親が帰宅されました。すると、この子が入れかわりにやって来ました。そして、「あのとき、裏門から飛び込んだけどそれからまっすぐ便所へ行って、便所のなかに四時間ほどいて帰ってきた」などと話します。それほど行けなかったわけです。私は今から思うと、これほどこの子が行けないのだと分からなかったのだと思います。どうしても私の方にあせりがあって、早いことおやじになりすぎていた。行かせる方に私があせるので、どうしてもこの子も無理やりに行ったわけです。そして詳しいことは省略しますが、やはり同じように、この頃はよく会っています。十四日、十五日、十七日と会っています。この頃になると大分話をしてくれて、二十一日には、この子はこういうことを言います。「子どものとき、ひとりで留守番をさせられて淋しかった」。あまり腹が立つので、障子を全部破ってしまった話とか、留守番をしているうちに腹が立って、何か蹴とばしてつぶしてしまった話とか言ってくれます。そうしているうちに、そういうふうに目茶苦茶したけれども、それほどお父さんは怒らなかったという話をします。そして、「結局、ぼくが生まれてから誰も本気でぼくを怒った人はいないのではないか。お父さんもおじいさんもお母さんも」本当に怒ってくれないと言うわけです。

面接の約束を忘れてしまった私——その意味

こういう調子で始終会っていたわけですが、私もこのときはこの子に私の全エネルギーをかける、この子の母親になったように何もかもともかく言われたことは全部やってやろう、会いに来るのならいつでも会うし、呼ばれたらいつでも行くということをやっていた。

　ところが、面白いことに、大学での面接を私がうっかり忘れます。年末いろいろ忙しかったと思うのですが、十二月二十四日、この日は何にもないなと思い、大阪へ買物に行きます。そして、大阪へ行く電車のなかでいろいろその子のことを考えているわけです。これからどういうふうにしたらいいか、どういうふうに会っていくかということをさんざん考えながら、実は、その時間が面接の時間であることをまるっきり忘れているわけです。そして、大阪で買物をして帰る頃になってやっと思い出しました。そして、びっくりして家に帰って電話であやまりますと、母親が出てこられて、「いいえ、先生には始終お世話になっていますので、一ぺんぐらい忘れてもらっても当たり前やと思います。われわれは何にも怒っておりません」と言われます。この頃になると、母親の感じもずいぶん変わってきています。始終私も会っているうちに、相当親しい気持ちになっていました。ところで、私は「いや非常に申しわけないことをした。お母さんと子どもさんと二人共、かまわないと言ってくださるけれども、やはり、せっかくここまで来て、立ち上がろうとしている可能性がでてきているのに、それに対して約束を忘れたということは、その可能性に対して申しわけない」ということを言って会いに行きます。

ここで私が思ったことは、こういう面接を忘れるということは――めったに忘れるということはありませんが(この事例以外にもうひとつ忘れたことがありましたが、それも非常に意味がありました)、ここで面接を忘れたということは、これは私のできる以上のことをしようとしているからだと思いました。私の限界を超えてやりすぎている。そのときに思いましたのは、人のために尽くすということは非常によいことだが、人に尽くすために私の限界以上にするということはよくないのではないか。そうまでしなくても、人間は自分で立ち上がるはずだし、そこまで私のエネルギーを使うことはよくないというふうに私の考えを変えるわけです。そして、実は、年末年始も休みなしにがんばってやろうかという気持ちだったのですが、やはり、人間は休みの日は休み、働く日は働いてこそカウンセリングが進むのだと思い、ここで反省して年末年始は休みにすることにしました。

これは、実際私はそう思います。カウンセリングであいだに休みがあるということは、非常に大切なことです。そして考えてみたらたしかにそうだと思います。自分の能力を超えてまで人のために尽くすということは、尽くされるものにはたしかに迷惑なことかもしれない。それほど私ががんばりすぎたので、この子は行けもしないときに行こうとしたのかもしれない。それで、年末年始は休みました。

家出をして警察につかまる

実は、休むつもりでしたが、年末に母親とこの子は大げんかをしたため会うことになります。それは、この子があまりひどいことをするので、母親が「出て行け」と怒鳴ったら、本当に出て行ってしまった。そして、警察の年末の警戒につかまる。そこで電話がかかってきたのです。これは休みだといっても仕方ないので飛んで行きましたが、本当に家を出て行ってしまって、家に帰らないつもりでそこらにある自動車のなかに入って寝ようとした。そして、自動車の開くのをさぐっていましたが、ちょうど年末で警戒している警官から見ますと一番あやしいわけです。オーバーも着ていないものが、自動車をさぐっているというので、自動車泥棒というのでいっぺんにつかまった。ところが、素性《すじょう》もすぐ分かりましたので、すぐ放免されました。

そこで、本人に会いまして私が言いましたことは、「あんたは昼のあいだ寝ていて夜出て行くのは勝手やが、夜オーバーも着ない人間が出て行って自動車をさぐっていたら泥棒だと思う方が当たり前だ。今幸いにも釈放されたけど、つかまって鑑別所へ入れられるとか、つかまってしばらく警察にいるということは、なかなかつらいことである。それがいやだったら夜出るのはやめなさい」。これは、カウンセリングの場合、われわれは指示しない、非指示的に会っていくわけですが、やっている事柄がどうしても危険な場合には、私はとめるべきだと思います。この場合というのは、いくら私が指示的なことを言いましても、次から非指示的な態度で会うのに矛盾しない。絶対言うべきときにはピシャリと言っても矛盾しない。実際、われわれはこの子が家出したがっている気持ちはよく分かります。家出をしたいぐらいの独立心があるが、それを夜中にやって警察につかまるようなやり方はよくないという場合に、意味は感じられるとしても、行動はとめなければならないと思います。その子は、それ以来あまり夜うろつくということはなくなります。

三学期を目前にひかえて

正月が終わり、三学期が始まります。三学期の始まったところから何とか行ってくれると、この子は進級できる可能性があるわけです。そこで、祖父が躍起になって「先生、タクシーに乗って連れて行ってください」と同じことがくり返されます。おじいさんが何度もそういうことを言いに来られるのを、私はいつも一生けんめい聴きましたけど、「やる」とは言わなかった。それこそ非指示的に一生けんめい聴いていました。

このへん少し略しますが、一月七日、この子も少し変わってきまして、その夜に散髪してやって来ます。今まで髪をのばしていた子がきれいに散髪してきた。これは不登校の子が登校する前に散髪する例は非常に多いのです。何か気分的に変わりつつある感じが、散髪してさっぱりするというところにでてくるのでしょう。これは、実際に不登校に限らず他の場合でも、よくなってくるときに散髪をする人が非常に多いものです。

さて、散髪してきまして、「明日はひょっとして行くかもしれない」と、そして、「また先生のところへ泊めてくれ」と例のごとく言います。そのときは母親がいましたので、「またアホなことを言う。行く気があるなら、家から行ったらいいではないか」と言うと、「いや、ぼくは泊まる」と言う。母親は手を引っぱって、「家へ帰りましょう」と言うわけです。すると、この子が言うには、「それほど手を引っぱってくれるのなら、なぜ、ぼくの手を引っぱって学校へ連れて行ってくれへんのか。お母さんはいっぺんでもしたことがあるか」と言う。このへんはそのものズバリだと思います。本当にこの子の手を引っぱって連れて行こうとは、母親も父親もしなかった。他人には連れて行ってほしいと何度も言ったわけですが。

そのあくる日、祖父から電話がかかってきて、「まだ孫は寝ていますけど、先生何とかしてやってください。家に来てください」と言うわけです。それで、私は先ほどから言っていましたように、ペースを急ぎすぎて早いことおやじになりすぎたので、まだまだだめだ、もっともっと母親にもどらねばならないという気がありましたので、自転車で行きます。ここではっきりと言っておかねばなりませんが、こういうふうに私が何回も会いに行ったり、いろんなことをしていますが、これは決してよいということではない。こういうことをせずに、カウンセリング場面だけで会って治ってゆくのが一番すばらしいわけです。ところが、こうしないとつづかないというよりは、いうならば、私の力量とこの子の力、この家全体の力を合わせても、この子の大問題を話し合いだけで解決するだけの力がないから仕方がないから会いに行く。私は自転車で行きながらよく思いました。「偉大なカウンセラーなら、こんなことしなくても治るのになあ。仕方がない。私としては行くより仕方がないな」と思いました。実際何といっても、本当に人間のことに関して仕方がないことは仕方がないのです。

家に行ってもこの子は起きてきません。私は、行っていろりの端に座っている。祖父が隣の部屋で「オイ、起きよ」「行けよ」とか言い、母親に「起こしてこい」と言っている。母親も本気でよう起こさない。ウロウロしている。母親は「今度おじいさん行きなさい」と言うと、今度は祖父がウロウロしている。そして、二人が本当に心の底で言いたいことは、「先生、連れて行ってください」なのに、なかなか私に直接に言えない。私も分かっていますが、黙って座っていていい加減の頃に「ハイ、さよなら」と帰ってくる。そして実際に、この子が言うように「誰も自分を本気で起こしてくれない」というのは、そのとおりであると思いました。しかし、感じとしては、だんだん行きそうな感じでした。学生服を着たりして、この頃は始終夜は私の家へ来ていました。

私の相手はこの家全体なのだ

そして、一月九日の晩、この子が私の家へ遊びに来ているとき、母親がまた来られる。そして、母親がとうとう「祖父が何べんもお電話をかけたり、タクシーに乗せてくれなど言って先生に申しわけない。実は、それは意味がありまして、祖父は、自分は知らないが、病気でもう春まで命がもたない。祖父もうすうす命のないことを感じているのではないか。だから、自分の命のある間に、あとつぎの長男が学校へ行くところをみていきたいという気持ちがある。そして、私としても自分の舅《しゅうと》が生きているうちに、この子を学校へ行かせたいという気持ちがあるので、実は、これほどしげしげと先生のところへ来るのです」と言われる。それを聞いて、この子はすごくびっくりするわけです。祖父の病気のことを初めてはっきり知らされたのです。

そこから話が発展して、このへんも詳しいことは省略しますが、ここの家の歴史を非常に詳しく、ずいぶん遅くまで話される。結局は、祖父の前の時代に家が破産したわけです。そして、つぶれたところで、この子の祖父母と両親と四人寄ってまったく自分の家も売られてしまったところから再建していくわけです。この子は全然知らないわけですけれども、皆寄って少しずつ取られた田を取り返したり、皆で商売をしながら少しずつ失ったものを取り返して、今まできたわけです。だから、この子がひとりで放っておかれたのは当たり前ともいえます。そこで、母親は初めて「おまえはひとり放っておかれたと思うかもしれないが、われわれは非常につらかった」という話をされる。私は、そのとき詳しい話を聴きながら、ここの家の全部の歴史がこの子の肩に重荷としてかかってきているという感じがしました。そして、祖父とすれば、せっかく自分が再興してがんばった家をあとつぎのこの子が下手をするとまたつぶすのではないかという気持ちが非常に強い。また反面、この子にかける期待も大きい。しかも、自分の命はあと長くはない。そういうことが皆この子にかかってきているわけです。

この話を聴いて、私がクライエントと親しくない関係にとどまろうとしながら、結局は、この家庭のなかにひきこまれてきた意味が分かる気がしました。初めにカウンセリングの原則どおり、子どもと母親を別々にカウンセリングしようとしたが成功せず、結局私ひとりがこの家全体のなかにはいり込むようになったのも、それは、この少年を個人としてカウンセリングするのではなく、私が相手としなければならなかったのは、この家全体なのだと悟りました。

外国と違って日本においては、このようなことが相当生じるのではないか。個人ではなく家を相手にする、それも長い歴史を背負った家を相手にする。そのためには、この少年がしばしば私の家にはいり込んできたようなことも避けることのできないことだったのだと思ったのです。この頃、この家に行きますと、大切なときは、父親はおられないことが多いので、祖父、母親と本人、私の四人がこたつにはいって話し合うわけですが、こんなときは、本当に私が父親の「座」に座っている感じでした。

さて、私は、長い間話を聴いたあとで、この子に対して「今の話を聞いたら、あんたが学校へ行けなかったのももっともだと思う。家の重荷を全部背負っているように思う。ところが、家の重荷を全部背負って、動けないでいるのは子どもで、重荷を背負いつつも、じゃ、ぼくはこうするのだといえる人間が大人だ。つまり、自分で歴史を作っていけるというのが大人だ。あんたに、お母さんが初めて家の歴史、つまり、子どもに聞かせてならない家の歴史をここまで言われたということは、お母さんが今日からあんたを大人として言われたのだと思う。大人は、どんな歴史を背負ってでも自分の意志で、では私はこう生きていきますと言うものだ。だから、あんたが今まで学校へ行けなかったというのはよく分かるが、これから学校へ行くか、行かないかということはあんたの意志にかかっている」ということを言います。この子は、これを聞いて相当行く気になります。

カウンセラーの怒り

その翌日、また電話がかかってきます。「息子が起きませんので、どうぞ来てください」。私が行きましたら、いつもと同じ有様です。お父さんはおられません。いざとなったら大体お父さんは宿直かなにかしておられます。そして、この子が起きないので、祖父と母親はウロウロしているわけです。とうとう祖父か母親かどちらか忘れましたが、私のそばに来て「先生、どうか息子を起こしてください。起こして連れて行ってください」と言う。そこで、私はカッときまして、祖父と母親を呼んで怒鳴るわけです。それほど怒鳴る気はなかったのですが、思わず怒鳴ってしまったのです。

「あなたがたは、私に起こせ、起こせと言うが、この子は私にとって赤の他人だ。ところが、あなたがたは、実母であり実祖父である。その二人が起こせばいいのに……」「あなたがたは今まで本気であの子を起こしたことがあるか」と怒鳴ります。今から思うと、怒鳴った気持ちがよく分かりますが、よかったとは思いません。やったことはよく分かりますが。ともかく怒鳴ってしまった。すると、あまり大きい声で怒鳴ったので、この子がでてくるわけです。そして服を着るので、私はまだ怒っていたので「今頃服を着てどこへ行くか！」と言うと、「ぼく、学校へ行きます」と言う。「それなら行こう」というので一緒に学校へ行きます。ここで私が怒鳴ったということは、よいことではないけれどもよく分かります。私がコタツに入っている頃から、私はカウンセラーとしてこの家に対しているよりは、ここの「おやじ」になっていたわけです。先ほどから何度も言っていますように、ここの家には恐いおやじがおりません。母親も祖父も恐くない。そういうところへみすみす私が入ってゆき、とうとう最後には、恐い父親になって怒鳴ってしまった。おそらく今だったらどうしたか分かりませんが、そのときは、こうなってしまった。さて、こういうふうに怒鳴ったので、この子は私と学校へ行き、校門のところで別れたのです。しかし、残念ながら学校へは行きませんでした。

怒鳴ったときのもうひとつの反省は、私は少しいかれていたと思いました。祖父の病気の話にいかれていた。つまり、生きている間にこの子を学校へ行かせたいというあせり、それが私の方に伝わってきたので、どうしてもあせりが入ってきた。後で思いましたが、おじいさんが病気になろうが、お母さんが病気になろうが、やはり家のなかに渦巻いているもののなかからこの子が立ち上がってくるまでには、それ相応の「時」がいるわけです。それ相応の熟する「時」が来ていないのに、私がいくらあせってみたところで、やはり行かないものは行かないのです。恐いおやじにならされたということと、私もセンチメンタルになったということ。つまり、祖父の病気の話にいかれてしまって現実を見る目をそこなったことを反省しました。ここで、この子が登校し、その姿を見ながら祖父が亡くなられたりすると三文小説としては一級の筋書きですが、人間の心の現実は、なかなか三文小説のようにはいかないものです。

登校し始めるが、三日で行かなくなる

ところで、怒鳴ったのが一月十一日でしたが、私が怒鳴ったあと三日ほどして十四日になると、今度は自分で友だちのところへ行きまして友人に家に来てもらって、友人と一緒に学校へ行くと言い始めます。これには私もびっくりしてしまいます。

一月十六日、友だちと二人で訪れてきます。私の家へ夜に来て、友だちを紹介して、「この二人で行くのや」と言います。「えらい変わってきたな」と思っていたら、あくる日、二人でちゃんと行くわけです。本当にこのときは嬉しく思いました。そこで、私は言ったのですが、「私がタクシーで連れて行ったのではなしに、あんたが自分で行ったのだから大したものやな。私が怒って連れて行ったのと違って、今度はあんたが自分で行ったのやから本物やな」と。ところで、学校からの帰りに寄ってくれるわけですが、来るとため息ばかりで何ものを言わない。それをみていたら行かせるのがかわいそうに思えてくる。無理して行っているのではないかと。でも行ってくれたことは嬉しいことで、喜んでいましたら、次の日もまた自分で行きます。そして学校へ行きますが、今度は家へはなかなか

帰らない。遅く私のところへ来て、「先生、まだ帰ってへんのや」と言う。「ともかく、学校へ行きだしたら家へ帰るのがいやになる」と言います。そして、次の日も行きますが、四日目には行かなくなります。一日目、二日目共に会いましたが、三日目の夜は、私が家に遅く帰ってきたのでこの子に会えなかった。よほど電話をしようかと思ったが、しなかったら四日目は行かなかった。だから、まるで電話をしなかったから行かなかったような気がしたのですが、考えてみれば、毎晩電話をするわけにはいきません。やはり、行かないものは行かなかっただろうと思います。そして三日間行って、四日目も少し行って、それから行かなくなります。

ここから、私の記録が少し休んでいます。われながらもっともだと思います。もう記録をつける元気がなくなったわけです。今度は自分で行ったと思っていましたのに、四日間で行かなくなったから。それからも会いに行っていますが記録がない。しかし、また気を取り直して記録を書き始めますが、私がこの頃よく思ったのは、北風と南風の話です。南風が吹いたら北風が吹く。北風が吹いたらあとで南風が吹く。心のなかでよく思ったのは、ともかく一年中冬ということはあるまい。いつか春が来るということです。実際、そういうイメージを心に思い浮かべていました。氷の上に南風が吹いて少し薄くなったと思ったら、また北風が吹いて厚くなる。しかし結局は、いつか氷がとけるのだ。それをあせって斧でたたき割ろうとファイトを出しすぎたので、また北風が吹いて氷がはる。これならとけるまで待とうという気になりました。

「学校をやめて働きに出たい」

その後も相変わらずこの子に会っていますが、このへんから大学でかっちり会うことにして、家ではあまり会わないようにします。今までどうも親しく会いすぎて、それもよかったが、親しさにまぎれて、この子を自分から離して独立させていくということが足らなかったのではないかと考えます。それで、大学で約束の時間にのみ会うように心がけました。そうしているうちに、この子がだんだん元気になってきます。ゆっくりゆっくりと元気がでてくるわけです。それが本当なわけです。それまでは、どこか私にあせりがあったと思います。そして、だんだん力がでてきて、家の仕事もときどきしたりしています。

ところが、そのうち五月頃になると、「自分は学校へ行かずに働きたい。だから、働くために家を離れてどこかへ泊まりこみで行って仕事がしたい」と言い出しました。これまで、母親は、この子を精神病院へ入れようとか、どこか施設へほうりこもうとか言っておられたのに、私がいつも「ハイ」と言わなかった。この子が働きに出ると言うので母親は嬉しくなったのですが、私が反対するだろうと思っておられた。そこで私が、「どうぞ行かせてください」と言ったのでびっくりしておられました。私としては、本当の力がでてきて、今度こそ「家から出る」ということをやろうとしていることが分かるわけです。そこで、家から出てある関係で遠いところへ働きに出ます。そのときに「自分は、実は、先生のところへ来るまで中学生時代から学校を休んでいた。中学時代からすると、今まででちょうど三年ぐらい寝た。〝三年寝太郎〟と同じで、ちょうど三年ぐらい寝たのでこれから働くから」と言います。実はこれは、私がよく「三年寝太郎」の話をしていたのです。この子は、やはりがんばって行こうという気があるわけです。

だから無理して無理して学校へ行って、行きながら便所に入って帰ってきたりする。そんなとき自分がいやになって、自己嫌悪のためにフラフラになっている。そのときに私が、「そんな悲観しなくてもよい。行けなくってもいつか行けるのやから。君はいつも昼寝ているそうやけど、〝三年寝太郎〟というのがある。それは三年寝ていた。三年後にはえらい活躍するときがあるので、私もあまり長い間はようつき合わんが、あんたが、三年寝るぐらいは絶対につき合うよ」とよく言っていたわけです。それがあったので、「これで〝三年寝太郎〟の三年が終わったので、そこでとうとうがんばります」と言って行きます。

行った先ではすごく好かれます。がんばって仕事をするわけです。この間にも少しずつエピソードがあります。ほんの少ししたことで母親がかけ込んで来られて、そのために私が出ていったりいろいろなことをしましたが、五月から夏休みまでずうっとこの子は働くわけです。この間ちょいちょい母親が会いに来られたりしますが、このへんの詳しいことは略します。

「家業を継ぐために修業に出る」と宣言

そして、八月に家に帰ってくるわけです。というのは、親にすれば、八月が終わった二学期からもう一度一年生に行ってほしいわけです。ところが、この子はもう行く気がない。そして、この子は「こういう仕事をする、ああいう仕事をする」といろいろ言うわけです。ところが、母親は気に入らないし、祖父としても自分の孫が大学を出てほしいと思っているわけです。とうとう八月にこの子は、「絶対にぼくは仕事をする。しかも家の仕事を継ぐ」と言うわけです。「そして、そのためには修業に行かねばならないので、そのために泊まりこみで出るけれども、この家の仕事を継ぐ決心をした。そして、はっきり決心したので、今までえらいお世話になっていた高校へあいさつに行きたい」と言うわけです。

これには私もすごくびっくりしました。裏門まで行ってもよう入らなかった子が、「少なくとも教頭先生と担任の先生とにはあいさつしたい」と言う。私がそのとき思いましたのは、「ここまで言うなら、本当にこの子は就職をする気なのだ。そこまで思い切ったのだからいい」ということ。そして、もうひとつは、われわれはどこかへあいさつに行くというとき、とめてほしいから行くというときがあります。「私はそんなところへ出ません」とあいさつすると、「あなたも出ませんか」と誰かが言ってくれるだろうと期待して、「そうしたら出ましょうか」というときがあります。こう思うと、やはり学校へ行くのをすすめるべきかもしれない。だから、私はいろいろ思い悩んで、それまでは学校へ行ってもいいし、行かなくてもいいしと言っていたが、高校へ電話をかけまして、この高校は非常に熱心なよい先生がそろっている学校でしたから、常に連絡があったのですが、教頭先生と担任の先生に申し上げて、「今からこの子があいさつに行きます。私は前からこの子に対して、行ってもいいし行かなくてもいいという言い方をしている。ところが、この子があいさつに行くということは、ひょっとしたら、とめてほしいと思っているかもしれない。だから、私からは言えませんが、教頭先生と担任の先生でできるだけとめてみてください。それからのことにしましょう」と約束するわけです。

この子と学校へ行きましたが、今度は本当に平気です。平気で正門からずうっと入ってゆきます。そして、職員室を開いてさっと教頭先生のところへ行っておじぎをして、「えらいすみませんでした」とやっているわけです。「お世話になりましたけど、就職をします」と。私は控えていると、教頭先生が「ちょっと君と担任の先生と三人で話をしたい」

と別の部屋へ行かれます。一時間ほど話をしてられましたが、教頭先生が来られて、「先生、あれは絶対に決心がかたい。いくらわれわれが言っても見事に決心が決まっている。立派なものだ。だから、あそこまで考えてわれわれにあいさつまでしてやりたいのなら、就職させたらどうですか」と言われる。私も、そこまで言っているのだったら就職にふみ切ろうと思い、帰るわけです。

帰りのときの気持ちは複雑でした。これだけ逃げまわっていた子が、ここまできちんとあいさつまでして家の仕事を継ぐのは立派だという気持ちと、半分では、こんなに元気になったら学校へ行ったらいいのにという気持ちがあるわけです、正直言って。そして、家へ寄ってもらい、最後に言いましたのは、「君もえらい立派に考えてくれたけど、今になったから私も言うけれど君は学校へ行ってもいいし、行かなくてもいいしと今まで言いつづけてきたけれど、そういう気持ちのほかに私も半分は常識人で、半分の常識はどんな子でも高校へ行った方がいいと思っている。常識以外の方では、高校へ行こうが大学へ行こうが勝手で、好きなことをすれば人間幸福だということを知っているが、半分の常識の方では、やはり高校を出ていないと損をすることが多いということを私は知っている。そういう常識的な人間として私は言うが、やっぱり高校へ行ってほしい」と言います。その子は黙っていました。しばらく黙っていましたが、最後に「よう分かる。けど、ぼくはやっぱり行かへん」と言います。「よし、ここまで私が言わせてもらって就職するのなら、しなさい」となるわけです。

りっぱな青年になり、仕事に励む

それで、この子は就職します。ところが、これは一方からいうと、考えてみれば立派な話です。寝てばかりいた子が、自分で考えて自分であいさつして就職したわけで、立派かもしれないが、片方からすると、やはり学校へ行っていた方がいいのではないかという常識があるわけで、どうしてもそれが私の心にある。だから、私としてもカウンセリングが終わったと思えない。この子も休暇で帰ってくると、「先生、帰ってきました」と遊びに来る。私も会いに行ったら、その子が家の手伝いをしていて、母親はすごく喜んでいる。つまり、自分の家の後を継いでくれるし、今まで何もしなかった子どもが、休みに帰って来て農業の仕事を手伝うわけで、今までと全然違う。今までは母親をなぐったりした子ですから喜んでおられるのですが、私としたら何ともいえない気持ちです。そして、この子が働いている顔をみたら、ものすごく淋しそうな顔をして働いています。これはやはり無茶苦茶でもよいから学校へ行かせたらよかったのではないか、もう一度怒鳴りつけてでも学校へ行かせたらよいのではないかということさえ思います。

ところが、だんだんこの子が変わってきます。八月過ぎて就職したのですが、次の正月に遊びに来たときには、非常によい感じに変わっていて、正月にお酒を飲んで話し合ったのですけれど、そのときになると、「先生、行ってよかった。就職してよかった」と言う。そしてまた、この子、傑作なのですが、前の中学校の先生のところへもあいさつに行った。前の中学校でも不登校だったので、その先生もびっくりされたそうです。それからあとは、クライエントとカウンセラーではなくて、一個の人間としてのつき合いというのですか、お正月になると来て飲んだりしていますが、もう以後ずいぶん長い間たっていますが、よい青年になっています。商売も本当に板についてきている感じで、やはりこれぐらいになって初めて、私もよかったなという気がしましたが、初めの頃はそう喜んでばかりもおられませんでした。そして、母親もずいぶんとやさしい感じの方になられたと思います。

祖父のことを話しするのを忘れていましたが、この子が就職して大分たってから亡くなられる少し前に、私はお見舞に行きました。「学校へ行けなかったけど、立派に就職して、しかも家の商売を継いでくれるので嬉しい」と満足しておられ、私も嬉しく思いました。

このケースをかえりみて

このケースは、初めに言いましたように細かいことをいいますと、もっともっといろんなことがあります。そのなかで、私は常に悪戦苦闘して今から思うと決してうまかったとはいえないことが多い。皆さんに申し上げたいことは、実際にやってみたらこんなもので、そんなにうまくいくものばかりではないということです(これほどむずかしいことは少ないかもしれませんが)。この事例によって、私はずいぶん多くのことを学ぶことができたと思っています。いってみれば、外国で学んできた私が日本で心理療法をやり抜いていくためには、どうしても通らねばならなかった関門のような気もします。これによって、皆さんも、カウンセリングといっても、いろいろな場合があること、多くの問題と困難さをもっていることなどを知ることができたことと思います。この事例をあえてお話ししたことが皆さんのお役に立てば幸いと思います。

第六章　カウンセリングの終結と評価

第一節　終結と中断

カウンセリングの終結も評価も非常にむずかしい問題です。結局は、カウンセリングの目的ということにも関係してくると思いますが、理論的にも、実際的にも、むずかしいことだと思います。

カウンセリングの目的ということを開き直っていえば、クライエントの自己実現ということになるわけですが、そのような考え方をすると、自己実現ということには終わりがないのに、カウンセリングには終わりがあるのはふしぎな気もします。このような点からいいましても、一体どこでカウンセリングが終わるのか、あるいは、終わりということはどんな意味をもつのかは非常にむずかしい問題と思います。

1　中　断

このように深く考えると問題ですが、実際的なことにかえりまして、終わりということでなく、中断、一種の終わりかもしれませんが、カウンセリングが途中で切れてしまうということについて、まず、考えてみたいと思います。カウンセラーで、中断を経験しないという人はないと思います。来ると思っている人が来ない。連絡なく休む人がある。あるいは、連絡すると理由らしいことを言われるけれども、それがどうも本当のことを言っていないような場合、カウンセラーとしては誰もが残念に思うことでしょう。しかし、ここでまず、中断を恐れてはならないということを強調したいと思います。

カウンセリングの目的として、われわれが正面から取り上げているところは、自己実現ということですが、それは非常に厳しい仕事だと言ったと思います。その厳しい仕事を、カウンセラーとクライエントの共同作業としてやり抜いていく際に中断をカウンセラーが恐れると、恐れるあまり厳しさに欠けるということが多くなります。

具体的にいうと、たとえば、クライエントの言うことに耳を傾けて聴いていますと、なかには、はっきり言う人もありますし、言わないでも分かることは、そこまで先生が話を聴いてくださるなら、私のお母さんに会ってください、あるいは、私がこんなに苦しんでいるのだから、雇主のところへ行って私の事情を説明してくださいという気持ちを、クライエントがもつ場合が多いのです。クライエントが、はっきり口に出して頼むときもあります。そういうときに、カウンセラーは簡単には動かない。簡単に行ってしまうことによって、クライエントが問題に直面していくことが、かえって、なくなってしまうのを恐れるから行きません。ところが、クライエントが思いあまって、「先生、私がこんなに苦しんでいることを、先生はここまで分かっていてくださるなら、私の雇主のところへ、説明に行ってください」と言ったときに、「あなたは、私に行ってほしいんですね」と言って、そのカウンセラーが行かなかった場合、クライエントは、あの先生は非常に親切そうに話を聴いていたが、本当は親切ではないのだ。もし、本当に親切なら行ってくれるはずだと思うことでしょう。そして、話ばかりで何もしてくれないような人のところへ行っても仕方がないと思って、クライエントが来なくなるときがある。そうなるとカウンセラーとしてはつらい。といって、カウンセラーがクライエントの言うなりに動くのがよくないことは明らかなことです。クライエントが行ってくださいと言うのなら行き、あるいは、会ってくださいと言えば誰かに会うということをしていると厳しさに欠けて、結局はクライエントがこちらに頼ってしまったり、あるいは、自分で問題を解決する姿勢をなくしてしまったりということがある。そういう、どちらにしようかというジレンマに立たされることは、むずかしいケースをするほど、ずいぶん多いものです。

カウンセリングは厳しい仕事だと言いましたが、これを実際に、どのようにするかはむずかしいことと思います。厳しくやっていこうと思うと、ともすると冷たくなる。これではだめだと思い、つづけていけるように温かい関係をもたなければならないと、下手に考えすぎると甘くなってしまう。うまくいっているカウンセリング関係というのは、温かくて厳しい関係になっていくと思います。ところが、われわれは、ともすると厳しさが足りないと思うと冷たくなるし、少し温かくしようと思うと甘くなってしまうという欠点をくり返しているなと思います。

こちらは厳しくて温かいと思っていても、クライエントの受けとるそのときの気持ちとしては、温かいことと、甘いことは同じになるでしょうし、厳しいのと、冷たいのも一緒になるかもしれません。本当の意味で、われわれが厳しくやったところで、クライエントは冷たく思うこともあるでしょうし、われわれが下手をして甘くやった場合に、クライエントは温かい人と思って喜ぶことがあるかもしれません。そのへんのところは、カウンセラー自身も、どうなっているか分からないぐらいになると思います。

厳しさの方にわれわれが目を移すと、冷たくなるということはどういうことかといいますと、クライエントの欠点、痛いところに直面していくのがカウンセリングだと言いましたが、カウンセラーがクライエントの欠点を指摘したり、痛いところに立ち向かうことだけを目的とし始めると、冷たくなると思います。われわれはクライエントの欠点、痛いところに触れるわけですが、そのときに、触れることによって新しいものが生じてくる。あるいは、それを乗りこえて何かよいものがでてくるのだという方向をめざして、痛いところに触れている場合は、どこか温かさがでてくると思います。その上、クライエントの感じる痛さをカウンセラーがよく知り、共に痛さを感じている場合、やはり温かさが生じてくると思います。ところが、それがなくて、カウンセリングは厳しいものだ、とクライエントの痛いところをついていきさえすればよいのだというやり方をすると、温かさが欠けて、つづかなくなります。つまり、ここで中断が起こります。ここで中断を恐れて温かくしようとするとき、われわれは温かさより、むしろ甘くなってしまう。これは第一章に、甘いカウンセリングは長つづきはするが、変化は起こらないと言ったと思います。そういう意味で、われわれは中断は残念であるが、中断を恐れてはならない。中断を恐れると、われわれの態度が甘くなってしまう。だから、私の気持ちとしては、やはりカウンセリングをするのだったら、この程度の厳しさはゆずることができないというのが心のなかにあって、それを崩してまでつづけることはしたくない。それを崩してまでつづけることなしに中断になった場合は、仕方がないのではないかという気持ちがあります。つまり、カウンセリングというのは、非常に大きな仕事をクライエントとカウンセラーと二人でやり抜くわけですから、仕事に対して二人の力がまだ及ばないとき、あるいは、そういう「時」が来ていないときはむしろ中断されて、次の機会を待った方がよいのではないかと思います。

たとえば、次のような例があります。

ある人がカウンセリングを受けに来て、自分は別に問題は何もないのだが、カウンセリングというのはどういうものか体験しようと思って来ましたと言う。そこで話し合いを始めると、問題が何もなかったはずの人が、いろいろと自分の悩みを話し始める。実は、その人としては本当は自分で言いたくない問題がたくさんあるのだけれども、それを隠しておいて、カウンセリングというのは、カウンセリングが何かを体験しに来ましたと言っているうちに、どうしてもカウンセリングというのは、話をしていると自分の弱点が思わずでてきてしまうので、次から来るのが恐くなってしまう。そして、その人は「一回お会いしただけでもカウンセリングとはどんなものかよく分かりました。次から来るのをやめたいと思います」と言います。カウンセラーの方から言いますと、欠点をいっぱいしゃべってやめてしまう。まさにこれは中断ですので、何だかおかしい気がする。

しかし考えてみますと、それでいいのかもしれません。つまり、それほどの問題を、今、この二人でやり抜く「時」がまだ来ていない。だから相手は、しばらく休戦しようと言っているのだ。そういう場合は、われわれは無理に引っぱったりすると甘くなってしまって、カウンセリングとはこんなものですかとか、カウンセラーの先生にはどんな人がいますかとか、カウンセリングの種類はどんなのがありますかということを話して自分の問題から離れてしまう。そんなことで、何回つづこうがあまり意味がない。こんなときは、あっさり中断した方がいいかもしれません。ところが、中断した方がいいかもしれませんとあっさり言っていますが、いざ自分の場合になるとカウンセラーとしては、どうも中断したくない。ともかく、引っぱりたいという気持ちが起こります。しかし、特にカウンセリングを始められた方は、クライエントを引っぱるという気持ちが自分のなかにあるのだということ、それは必ずしもよいことではないということを知っておく必要があります。そうでないと、引っぱるためにカウンセリングとしては望ましくないことを思わずやってしまう場合が多いのです。

2　過剰な反省よりも事実の探究を

次に実際に中断した場合には、いろいろと反省しますが、反省過剰にならないことが大切です。カウンセラーになる人は反省過剰の人が多いと思います。

「ともかく私が悪いのです」と言えば、これはたしかにそのとおりですから、「私の力量が及ばなかったからでした」とか、あるいは、あのカウンセリングがうまくいかなかったのも「私の受容の仕方が足らなかったのです」とか、どんなことをやっても反省することができます。これは奥ゆかしく聞こえますがふしぎなことに、反省している人が別にそれから以後努力をはらっていない。まるで反省することで問題が片づいたと思っているのではないかと言いたくなるような人さえいる。「私は至らない人間である」とか、あるいは、「私がもっと力があればよかったのに」と言いながら、相変わらずあまり勉強せずにカウンセリングをつづけている人は、反省過剰な外見のもとに、努力をせずにカウンセラーをつづける傲慢さが内在しているのではないでしょうか。われわれは反省するときに、事実を探究することを忘れてはならないと思います。事実を探究して、それにもとづいて、次にはこうできるのだということに具体的に結びつくような反省をしなければ意味がありません。

ところで、中断した場合、事実を知るためには中断したクライエントに、なぜ来なくなったかを聞きたいと思うことが多いです。それがはっきり分かると自分のためになる。面接して、二回目は必ずあの人は来るに違いないと、こちらも心待ちにしているのに来なくなる。そして何も連絡がない。そうすると、こちらが連絡した方がいいのか、しない方がいいのかというむずかしい問題になってきます。

これがふつうの人間関係であれば、別に来るはずの人が来なかったとき、電話で聞いても当たり前のことです。ところが、カウンセリングの場合、われわれは約束の時間に来なかった人に対して、原則としては、すぐに電話をかけて聞くということをしません。これはやはり、クライエントが来ないということは、来ないだけの意味をもっている。それをすぐに電話で聞いたりするよりも、クライエントの気持ちを尊重しなければならない。その場合電話で、「あなたは、なぜ来ませんでしたか」という言い方をすると、「来なさい」というのと同じになります。特に日本では、ものの言い方がむずかしいと思います。

忘れているということにも、意味があると思うべきです。それを電話で呼び出すと、クライエントはどうしてもカウンセラーのペースに合わせる。せっかく、お電話いただいたから来ますとか、本当は来たくなかったのにわざわざ来たりします。そうするとカウンセリングにおいては、どうしてもクライエントの力で、クライエント中心でやっていこうとしているのに、カウンセラーのペースの方が前面に出すぎてしまう。それで原則として、われわれはクライエントが来なかったときも電話しません。ふつうにしますのは手紙を出して、「この前、お待ちしておりましたが来られなかったから、次の時間を何日の何時にお待ちしています」というのを出すことが多いのです。

ここで少し横道に入るようですが、こういう点は外国でよりも日本でする方がむずかしいと思います。というのは、たとえば手紙を出すときでも、あくまでカウンセラーの考えを押しつけないようにと思って「来週はぜ､ひ､と､も､おいでください」とは書かない。クライエントのペースに合わそうと思って、「よかったら来週も二時にお待ちしてます」という書き方をする。そちらの意志で来るのだったら、こちらはいくらでも会うという書き方をします。

　これは英語で書いてある場合、問題はありません。ところが日本語では少し問題になります。なぜかというと、クライエントは残念ながらカウンセリングの勉強をしておりませんから、こちらがそれだけのことを考えて出しておりましても、むこうは日本的に読むわけです。そうすると、ふと会うのを忘れたところへ葉書が来て「来週待っているが、よかったらおいでください」と書いてあったら、これは本当に待っていてくれるのかどうか分からないと思う。日本で、よかったらおいでくださいと書くときには、なるべくなら来ない方がよろしいという場合もあるのです。一般に手紙を書く場合、ぜひともおいでくださいと書かないと来てくれない。ところが、何月何日にパーティーをする予定ですから、よかったらおいでくださいという手紙が来れば考えます。「ぜひとも」といえば出かけるが、よかったらおいでくださいとは人を馬鹿にしていると思うことさえあります。ところが、外国では相手の自主性を尊ぶ考えが徹底していますので、そういう言い方はおかしくない。私はこのような点を考えて、この頃は日本ではカウンセリングのときでも「ぜひともおいでください」と書いてもよい場合があるのではないかと思っています。これは言葉遣いだけの問題のようですが、実は、外国でできたカウンセリングを日本人にするむずかしさと関連してきます。

これにつけ加えて言いますと、カウンセリングの場面でも同様なことが生じます。クライエントが「私の父は頑固者です」と言います。そこで、カウンセラーが「お父さんが頑固なのですね」とだけ言うと、クライエントのなかには「はい、先生もおっしゃるとおり」と言う人があります。まるで私が賛成したように思う。私は賛成したのではなくて、あなたがお父さんを頑固と思っているということを、私はその感じがよく分かりますと言いたいのです。それをもう少し詳しくすると、「あなたとしては、お父さんが頑固だとお感じになるのですね」と言うより仕方がない。ところが、日本語のふつうの会話では、「あなたとしては」と言うときは、「私は違いますよ」ということが暗々裡《あんあんり》にあるときだけしか言いません。日本語の会話ではふつうは主語がぬいてある。それに主語を入れた話をするときは主語に非常に意味があるときが多い。英語の場合は主語のない文章はありません。だから、あなたとしてはと言わなくとも **you** を主語にして話ができるわけです。外国で **you** を主語にして話している精神を生かして、私たちが話をしようと思うと、「あなたとしては」と言わなければならない。ところが日本語として、「あなたとしては」と言ってしまうと、聞く方としては先生としてはどうなんですかという気持ちになる。しかも日本人ですから、心の底では先生としては違うんだなとさえ思いこんでしまう人さえあります。そうすると、こういう主語はぬきにした方がよい。「あなた」も「わたし」もやめて、「お父さんが憎いんですね」と直接言うと、「はい、先生もそう思われますか」とクライエントが反応する、そのときの区別は本当にむずかしいです。

話が横道にそれましたが、私はこの頃よく考えて、「ぜひともおいでください」という葉書を出すことがあります。これはクライエントのことを考えて、この場合はぜひともやってしまおうと考えたときで、もしもぜひともおいでくださいと書いたことによって、後で問題が起こった場合は、話し合いをしようと思っています。もちろん、ぜひともおいでくださいと、いつも書くべきだとは私は思っていません。人によっては、そういう書き方をしていません。ところが、どの人に、どんな場合に「ぜひとも」と書いたかをおぼえているわけです。そうすると、その人がやって来て、私は来る気がなかったのですが先生が「ぜひとも」と書いておられたからと言われた場合、なぜ書いたかについて話し合う。私が手紙を書く場合、ずいぶんアメリカのカウンセラーが書いている文章とは違った書き方をしていると自分でも思います。初めの頃は絞切り型で、「何時から何時まで時間をおあけしますから、よかったらおいでください」という書き方をしていたのですが、これはクライエントの方からみると、非常に冷たくみえるのではないかと思います。

私は原則として、クライエントが来ないときに電話をかけません。というのは、電話はすぐに返事をしなければなりませんから困ります。「あなたは、なぜ今日来ませんでしたか」と言うと、相手は嘘をつく余裕がないのです。これが手紙や、一週間後に会うときですと、クライエントは適当な言いわけを考えることもできます。そしてわれわれは、まずその言いわけや嘘をさえ尊重してゆくことが必要なときも多いのです。ところが、電話で、「どうして来ませんでしたか」と言うと、クライエントがあわてふためいて、「こんなのだったら行かないでおこう」と思って来なくなれば話になりません。嘘でも考えて来てくれるといいのですが、直接的な電話の応答では、それがむずかしい。

ただし、私は電話をかけたこともあります。それはどういう場合かといいますと、自分の気持ちとしては、どうしても、その人は定刻に来るはずで、いくら考えてもこの人がこの時間に来ないということが私の腑《ふ》に落ちない。向こうの気持ちが分からない。そして、どうしてもこのときのカウンセリングをやり抜きたいという気持ちが大きい場合には、電話をかけます。そのときには、原則を破って電話をかけているのだということを、カウンセラーはよく知っていなければなりません。ここで電話をしたときに、クライエントが応答に困るようなときは、カウンセラーが一人相撲をしていたのだということがよく分かります。

そのようなときは、あまりおしつけがましくないようにして、あっさり話を切りあげます。そして、どうして、こんな一人相撲を自分はやってしまったのかを考えてみることが必要です。あるいは、クライエントが、行こうか、やめておこうかと心がゆれているとき、それほど心がゆれる人の場合ですから、カウンセラーとしては仕事の大きさが分かっているので、どうしてもやり抜きたいと思っている。そこで電話をかけると、ともかく先生は熱心だということが分かる。その熱心さにひかれてクライエントがやってくる。この場合は、カウンセラーのペースに従ってクライエントが動いたことになります。ところが、カウンセラーがそれをよく自覚していると、だんだんクライエントのペースにもどすように心がけていく。カウンセリングはクライエントのペースでするべきだといいますが、全部が全部クライエントのペースで事が運ぶほど、カウンセリングは簡単なものではありません。

だから、いざというときには、こちらのペースで自分の気持ちで電話をかけて呼び出すということもしますが、大切なことは、それが望ましい方法でないということです。よい方法ではないが、自分の気持ちとしては致し方がないからする。しかし、だんだんとクライエントに主導権をもたせるようにしていくことを心がけねばなりません。

3　中断になった場合どうするか

中断になった場合、どうしようかと思って迷いますので、手紙を出したり電話をかけたりしますが、迷いながらも何もせずにいて、ある時期がきてから手紙を出したこともあります。三月ほどたってから、どう考えても出さなければおれないというような「時」とでもいうべきものがあると私は思います。そういう点でカウンセラーというものは、自分の心のなかに熟してくる「時」について敏感でなければならないと思います。もう出そうか、どうしようかと思っているうちに、どうしても出さずにいられなくなって出したときには、うまくいくわけです。あるいは、偶然にその人に会うということも私はよく経験します。あまりよく経験するので、これは偶然でないだろうとさえ思いますが、中断した人がどうなっているのだろうと思っていると道で出会う。その道で会ったときに、会わないように逃げた方がよいのか、会った方がよいのか、これも分かりません。ところが、会ったときというのは一発勝負でして、これは考える暇がありません。自分が何を言うか分からない。ところが、「あなたは、なぜこのあいだ来なかったのか」とか、そういうことを正面から言えるときもあります。それは、結局言える「時」が来ていたのではないかと思います。

私は、実際、例がありますが、「なぜ来なかった」と言いますと、「行こうかと思っていましたが、ちょっと行きにくかった」と言います。「行こうかと思っていたなら今から来る気があるか」と言いますと、「行きます」ということで会ったこともあります。こういう非常に強い押しつけがましい態度がとれたということを、あとからふしぎに思いますが、何か、そのときとしては勢いにのったような感じでした。あるいは、中断した人と道で会って、会うのがつらくて、こちらが逃げたこともあります。そういうのは一体、どちらがどうなのか、ちょっと分かりませんけれども、私として思いますことは、やはり自分の心にわき上がってくるものは尊重しようと思います。

なぜ、中断したかという事実を知りたい、知りたいけれど本人に直接聞くわけにいきませんし、直接聞いてもどうせ本当のことは言ってくれないだろうと思うときがあります。それを、どうしても聞きたくて、三年後に聞いたことがあります。その人は、はっきりした中断でなくて、数回会ったとき、「もうこのことは自分で考えます」と言ってやめた。私は、大きい問題が残されていることが分かるのでつづけたかったが、自分で考えるなら、そうしましょうということになりました。その人は会う機会があるので様子を見ていますと、だんだんよくなっていくのが分かるのです。そして、私に会っても、あいさつの仕方とか、ものの言い方が変わってきて立ち直っていったということが分かるのです。立ち直ったのがはっきり分かってから、以前に会ってから三年後に、「すまないが会いたい」と言って、「実は、あなたのことでなく、私のことで会いたい。カウンセリングを受けるのをやめてから、あなたがどう立ち直っていったかを知りたい。それを知ることは、私がこれからカウンセラーとして仕事をしていくのに非常に役に立つから話をしてほしい」と言いますと、いろいろ話をしてくれました。

これはクライエントのためでなく、私のために会っているわけです。私のためだから言ってくれと言っても、もっと以前だったら言ってくれなかったでしょうが、三年待ったから言ってくれたのです。この人の話は私には非常に役に立ちました。この場合も、三年待った息の長さといいますか、そのようなことがカウンセラーに絶対必要です。人間というのは、なかなか変わりませんので相当な長さが必要と思います。私は、そのクライエントにずいぶん教えられました。そんなこともありますので、皆さんも中断した人があれば何かよい機会があれば聞いてみられるとよいと思います。ただし、これは下手に聞くと押しつけがましくなるので全然意味がありません。

4　「偽の中断」

次に、中断のごとくみえるので、私は「偽の中断」と呼んでいる現象について述べます。これはカウンセラーが中断のように思っていますが、クライエントの方は終わったと思っているのです。特に、偽の中断の現象が起こりますのは、学校内や、会社内でカウンセリングをしている場合、よく起こります。たとえば、学生が学校カウンセラーのところへやって来て、「先生、私は失恋で自殺しようかと思う」という話をします。そして、今にも自殺しそうな感じがする。ここで簡単にとめてしまったり、お母さんに会いに行ったりしてはいけないと、カウンセラーは辛抱しながら話を聴いて帰ってもらうが、次に会う約束をします。そして、次にはどうなるだろうと思うとやって来ない。これは中断だ。あれだけの大きい問題をもった人が、次に来なくなるとはどういうことかと心配になります。ところが、学校のなかを歩いていると、その学生に会います。迷いながらも、「どうですか」と聞くと向こうは、もうニコニコして、「先生、お陰で元気になりました」と言う。こういうことは、学校や、会社のなかでカウンセリングをしている人は、皆、経験があると思います。どうしてこのようなことが生じるのか。

理由の第一は、内部でしている場合はクライエントの方がカウンセラーに対して、それほど責任を感じません。「お陰でよくなりました」という報告をしなければならないとは思いません。日本の場合、当たり前です。自分の親しい者とか、あるいは担任の先生などにいろいろ話しにいってうまくいった場合、親しい者でしたら黙っていたらうまくいったものと思います。それを内部でやっているとき、いちいちよくなったと報告に行くべきだと思っていないわけです。

第二は、カウンセラーがどうしても気負いこみすぎているわけです。ひとつ仕事をしなければと思いすぎていますので、どうしてもクライエントの話を大きく聴きすぎたり、深刻に聴きすぎたりする傾向があります。カウンセラーは、とかくクライエントを引っぱりすぎる傾向があると前に述べました。たとえば、失恋の話をしにくると、何かその話を契機として人格の変化が起こらねばならないような気持ちにカウンセラーがなってしまっている。

ところが、クライエントの方は人格の変化などで来たのではなく、つらいから来たのだが、先生にいろいろ聴いてもらっているうちに、心が晴れた。心が晴れてニコニコしているうちに、新しい恋人ができそうになってくるわけです。あるいは、カウンセラーの前で話をするときは、自分の内的なものをそのまましゃべります。それを聴いてくれるので、内的な話が外的な現実よりも大きくでてくることが多いのです。たとえば、ふつうだったら、「私、死んでしまおうかしら」というようなことはなかなか言わないけれども、カウンセラーには言いやすいわけです。本当に死ぬ気がなくても、心のすみの方に死ぬ気のある人は言ってしまうことが多いのです。「もう死のうかと思うほど苦しいのです」と言うと、下手をするとカウンセラーの方は張り切りすぎているので、「自殺をする」と思いこむわけです。これは大きい人格の変化を起こさねばならないとカウンセラーはきめこんで、クライエントの気持ちとくい違っているのです。それで、クライエントの方は先生に聴いてもらったお陰で元気になったけれども、別に報告に行くほどのことでもないと思っているとき、カウンセラーの方は頭をかかえて、一人の人が死ぬか死なないかと思っている。そういうことが起こる場合がよくあります。そして、カウンセラーがその人に会って、「どうですか」と聞いて、「先生のお陰でけっこうです」という機会があればよろしいが、それが分からなくて偽の中断のために、すごく反省しているカウンセラーがたくさんいます。反省過剰におちいって、私の力が足りなかったばかりにと思っていますが、全然その必要がない場合が多いのです。

そんな反省しているよりは、本人にあたってみることです。これは中断のように見えますが、偽の中断です。特に、学校や会社内でカウンセリングをしておられると、わりあいそういうことがよく起こることを知っておくべきです。だから、中断のようにみえても、すぐに反省過剰におちいる必要はない。事実が分かってくると中断でなくて、まあまあうまくいっている。ただし、大成功であったともいえない。これは案外多いと思います。

5　カウンセリング以外の方法に移る場合

次は中断の問題と関係しますが「もう先生のところをやめて、どこかへ行きたい」ということを言う人があります。これは、本人が言わないまでも、本人の家族が言いにくることがあります。先生がだめだとは言いませんが、たとえば、宗教団体へ入れたいとか、施設へ入れたいとか、いろんなことを言うときがあります。この場合も、カウンセラーは複雑な気持ちになります。何か自分が信用されていないような、何か他の方がよいと言われているような気になります。しかし、ここで大切なことは、前にも言いましたように、われわれの目的はクライエントがよくなることで、私がその人をよくするというのではないことです。そして、ある人にとってはカウンセリング以外の方法が意味をもつこともたくさんあります。

カウンセリングはすばらしい方法だと私は思っていますけれども、カウンセリング以外の方法、たとえば、ある宗教団体へ入るとか、施設へ行ってくるとか、あるいは一度、おじさんのところへ行って商売を教えこまれるとかいうようなことが、大きい内的な意味をもっている場合があると思います。私としては、そういうものが感じられたときには賛成することが多い。そして、あなたと私は切れたのではない。あなたがよくなるというのは非常に嬉しいので、どんな方法でもやってください。ただし、私の方へ帰ってくるときには、いつでも帰ってきなさい。あるいは、どこかよそへ行くのに私が役に立つなら紹介しましょうということを言います。このようなつながりがありますと、案外帰ってくる場合もありますし、それからまた、よそで体験したことを話しにくる人もあります。これも非常に参考になります。

このように、われわれカウンセラーというものは視野が広く、息が長くなければだめです。長い自己実現の間では、離れていって全然違うところへまかせた方がいい場合もあるわけです。そしてクライエントにとっては、自分で決心してカウンセラーを離れていくということが、実際、内的な大きい意味をもつこともあるわけです。つまり、そこまでいろいろ話をしてきたカウンセラーに、自分から、「私は先生のところへ来るのをやめます。他のところへ行きます」ということを正面から言えるということが、その人にとって成長のステップとなる場合さえあります。このへんのところは非常に複雑だと思います。

私はよく思いますが、あるクライエントがたくさんカウンセラーをまわって、最後に治ったとき、最後に治したカウンセラーが一番上手とは限らないと思うのです。あるカウンセラーのところへ行って、そのカウンセラーの悪口を言い、また、次のカウンセラーのところへ行って悪口を言い、次に私のところへ来てよくなったという人は、実は、三人がかりで治しているわけです。これは、ラジオの修繕と異なるところで、ラジオの修繕なら、A、Bができなくて、Cがうまく直したとき、Cが一番上手といえますが、人間の場合は、Aのところ、Bのところへ行ってやめるという体験が、Cのところで治る基礎になっていることが非常に多いわけです。

少し話が横道にはいりましたが、私の体験でいいますと、中断したかのごとくみえて、あとで帰ってきた人がずいぶんあります。そして、その人たちが中断するのを本人の意志にまかせたことは、やはり間違っていなかったと、つくづく思わされるのです。そういう人たちが帰ってきたときに、よい機会をみて中断の理由を聞いてみると自分の参考になります。形態的には中断していっても、自分の心はつながっていると思う場合には、案外つながって帰ってくることがあります。

特徴的な例としては、中学生とか高校生に多いのですが、いろいろの問題を述べた後で、「自分で考えます」とか、「自分でやります」と言う子があります。これは、自らカウンセリングを受けにきたのでなく、引っぱってこられた子の場合です。こういう子は初め怒っていますが、そのうちにいろいろ話をしだします。話をしたり問題を言った後で、「先生、ぼく、自分でやる」と言うわけです。その場合むずかしいですが、「自分でやるのならやってごらん。それで困ったら、いつでも来なさい」というふうにして帰らせると、本当に自分でやり抜く人もいます。私の経験では一度会って、「自分でやります」と言った高校生が、半年ほどたって、わざわざ報告に来てくれたことがあります。しかし、自分でやると言う人を、自分でやりなさいと言って帰したときというのは、カウンセラーの気持ちとしては、無理に引っぱったらよかったとか、自分でやると言っているのだから、やらせてやったらよかったとか迷いつづけている。そうして、半年ほどたって報告に来てくれると、とても嬉しく思います。そういう点からみても、本当にカウンセリングというのは、簡単に中断がよかったとか、悪かったとさえいえないことが多いものです。もう一度くり返しますが、われわれは、中断を恐がる必要はありません。

第二節　終結時の実際問題

1　終結のめやす

カウンセリングの終結ということも、なかなか複雑でむずかしい問題です。理論的、あるいは研究的にもいろいろ論じられると思いますが、私として実際的に非常に気持ちのいい終結といいますのは、次のような場合です。①まず自己実現という観点からみて、クライエントの人格に望ましい変化が生じた。②クライエントの訴えていた症状や悩みなど外的な問題についても解決された。③内的な人格変化と外的な問題解決の間の関連性がよく了解される。④以上の三点について、カウンセラーとクライエントが話し合って了解し合い、カウンセリングによってなした仕事の意味の確認ができる。

これを具体的にいいますと、たとえば、対人恐怖症の人であれば、カウンセラーのところへ来るとき、ともかく対人恐怖という症状をなくしてもらいたいと思ってやって来る。ところが、カウンセラーとしては、その人と会いつづけているうちに、その人が今まであまりにも両親の言うことを聞きすぎて生きてきて、そのために両親に対する攻撃的な感情を強く抑圧してきたことが分かる。そして、そのような攻撃性を外界に投影して対人恐怖におちいっていることもよく分かる。カウンセリングの過程を通じて、クライエントはこれらのことに気づき、両親に対する態度も改変され、自分の攻撃性にも気づいていく。これらの内的変化をカウンセラーは共感することができる。このような変化に対応して、対人恐怖という症状も消滅する。そこで、カウンセリングを終わるとき、以上述べたようなことを二人で話し合って確認できる。このようなときは、私としましては一番気持ちのいい終わり方ですが、実際には、これほどきれいにできることは、なかなか少ないものです。

今述べた理想的な形に対して、条件の①〜③は満たされているが、それはカウンセラーがそう思っているだけで、クライエントはともかく症状がよくなったことを喜び、意味の確認については、うすうす感づいている程度でやめることも多い。その意味について、後になってから思いあたることだろうと思いつつ別れることもあります。

次に①と②が満足され、①の内的変化が生じたことはクライエントも認めるが、①と②

の関連性が明確に分からないことがあります。私の経験では、①と②の関連性が分からないことの方が多いと思います。つまり、このような内的な問題をもった人が、どうしてこのような外的障害をもつのかという関連性はなかなか分かりにくいことです。しかし、私としては、単なる外的変化のみでなく、内的変化も平行して生じていることで、相当満足して終結することにしています。

次に問題となるのは、外的問題が解決したが、どうも内的な人格変化が分からなかったという場合で、これは、私としては、どうも終わったと思いたくありません。クライエントは症状がよくなって、喜んでお陰さまでと言っているけれども、私としては、何がお陰さまか分からないが、ともかく、なくなったことはなくなったのでしょう、という考え方しかできない場合があります。このときに、カウンセラーとしては、内的人格の変化の問題がはっきりみえている。たとえば、この人は絶対に父親から独立する、あるいは、この人が自分の男性的な生き方を確立しなければならない、それをやらねばだめだと思っているのに、やらずに外的問題だけを解決してやめる。カウンセラーは、終わったと思っていないが、クライエントは終わったと思っている。この場合、カウンセリングをつづけるべきだとカウンセラーの意見を述べることもあります。しかし、私は経験からいって、そう何もかも一緒にいくものでありませんから、ここでひとまず終わってみるのもよかろうと思います。もちろん、外的問題が解決した時点でやめても、その人たちには私として気持ちが残っていますから、見ておりますと、ずいぶん内的な問題の方も後で自分で解決している人がいるものです。

これは、先ほどから何度も言っておりますが、クライエントから離れても、私は相当長い間気にかけていることが多いのです。そして、妙にそう思っていると来てくれるものです。

たとえば、「肉の渦」の夢をみた不登校の子のことを他の著書に書いていますが*、あの場合、学校へ行き出しても、私としては、まだ、渦から出ていないという気がするわけです。だから、もっと話しに来るように言いましたが、もう学校に行っていますからと言って来なかったのです。それをずっと気にしていましたところ、二年ほどたって、突然、遊びに来ました。私はそのときに一見しただけで、この子は成長したなと思いました。残念なことに面接中でしたので、あまり話ができませんでしたが「君、なにしに来たんだ」と聞くと、「何となく来たんだ」と言いました。しかし、私には「ここまで成長しました」と見せに来てくれたように感じられました。そんなのをみると、カウンセラーが何もかもする必要はないのだ。クライエント自身の方がもっとどうすればよいかよく知っているのかもしれないという気がします。外的問題が解決した時点で自分なりにいけるということを、どこかで感じとっているのかもしれません。だから、われわれとしては、やっぱり来た方がいいよと言うときと、言わずに別れるときとがあるわけです。しかし、終ったけれども、何かのときに来れるように門戸は開いておく。そして、興味のある限り、その人の行く手を見ているということは大切なことです。実際に、不登校のカウンセリングをした人はよくご存知と思いますが、内的問題が解決しないのに学校へ行ってしまうのがずいぶんあるものです。そういうときは、よほど後まで見ていないと学会で発表した頃に、ちょうど行かなくなってしまうことさえ起こります。

カウンセラーとしては、外的な問題解決と、内的な人格変化の両方に注目していますが、どうしてもクライエントの方は、外的問題にばかり目を向けがちですので、内的なことがあったということをクライエントと確認することは大切です。あなたはこういう内的な仕事をしたのだ。ふつうの人がみると、今まで不登校の子どもが登校を始めたとか、今までは吃音だったが、吃音でなくなったとか、変なものがふつうになったと思うのだが、カウンセラーは、そうは思っていない。あなたは、ものすごく大きい仕事をやったのだ、親から独立するのは大変なことだ、その仕事をあなたはやったんですよということを、お互いに確認し合うことが必要です。

前章の事例でも、勤めにいくようになってから「三年寝太郎」の話をしていますが、私は、「あなたはここで三年寝たが、あなたが三年寝ている間に他の人たちは勉強したり、働いていたりした。それをどう思うか」と聞いたところ、その子は、「先生、ぼくはこの三年寝なかったら将来どれほど寝るか分からない。もう、僕はここまで寝たのだから絶対寝ない。この三年間寝たことは、大いに価値があったと思う」と言いました。そういうことを言ってくれると非常に嬉しく、やりがいがあったと思います。この子はカウンセリングによって、単に遊んでいた子が就職したということでなく、内的な仕事をしたということが分かります。そのとき、この子は三年寝太郎の話をしているわけですが、何か、その子が言いたかったことが、こちらに伝わってきます。そういうことが大切だと思います。そのときに、いちいちカウンセリングの意味について言いなさいと開きなおって言う必要はなく、今のような言い方をするならば、高校生なら高校生なりの表現で示してくれるわけです。こういうことをすると、二人でやり抜いたのだということがはっきり分かって嬉しいものです。

＊『ユング心理学入門』(岩波現代文庫、七一頁)

2　明らかに終わりかかっている場合

次に終わりの問題でむずかしいのは、終わりかかっているのだが、やめますと言い出しにくいクライエントが多いということです。これは日本人の特性として「やめます」と言うと先生にすまないような気がする。今までお世話になっていたのに、「やめます」と言うと何かありがたく思っていないように思われたらいけない。だから、いつまでも先生のところに来たいということもどこかで表わさなければいけない。しかし、もうよくなってきているからやめたいし、そのへんのところが言い出しにくいという人があります。そんなとき、こちらとしても、「もうおやめになりますか」と言うのもむずかしいわけです。そう言うと、なかにはカウンセラーに嫌われたと思う人さえあります。

そういうときに私は「どうもひと山越えたような感じですね」という言い方をします。つまり、ひと山越えた事態というのは、次にあなたがふた山越えるのだったらつづけていこう、ひと山でやめるのだったらやめてよいということで、やめるとも言っていないし、つづけるとも言っていないが、ともかく、ひと仕事終わったと言っているわけです。

クライエントがやめようと思っているときに、カウンセリングの過程で起こったことを、もう一度思い返して話すということも多いものです。「先生と初めてお会いしましたのは一年前のことでしたね」などとクライエントが言い出したら、もうやめる準備をしているのではないかと考えてみることです。「六ヵ月前は無茶苦茶言って先生をてこずらせました」と言う場合は、もうそこを私は過ぎましたよ、過ぎ去ったところで全部を思い起こせる人間になりましたということを言っているのです。そういうときに、「ひと山越えましたね」と言うと、「お陰さまで」ということになります。ところが、ひと山越えたと思っていましても、ふた山に入りこむ人がいますから、すぐに「やめましょうか」と言うべきではありません。

それから、こんな人もいます。「先生、一年間お世話になりました」とか、「お陰でよくなりました」と言うので終わるのかと思っていますと、「しかし、考えてみますと私は姑さんとの仲は良くなったのですが、この頃、なにか主人とよくけんかするのですが」と言う人があります。ここで、今度は主人の問題になるのかと思う必要はなくて、これは、いわば愛想で言っている人があるのです。私は、なにもかもよくなった人間ではありません。まだ問題は残っているのだということを言っているのです。あるいは、名残り惜しいということです。先生から離れていくような一人前の人間ではありません、実は問題をもっているので、まだまだ先生にはお世話になりたいのですけれどもという気持ちを表わすために、急に新しい問題を掘り起こして言う人もあります。それを、カウンセラーがすぐにつづけようという気になると変なことになって、だらだらしてやめるだけになります。ひと山越えて、ふた山登るのではなく、ふた山のようなことを言いかけて時間をつぶしてやめることになります。そのとき、あまりこちらが喜んでその話を聴かないことです。考えてみますと完全な人間というのはいませんから、探そうと思えばいくらでも問題はあります。

3　終結に近づいて悪くなる場合

むずかしい事例では終結に近づくと悪くなることもあります。カウンセラーから離れるのがつらさに治らない。あるいは、カウンセラーから離れるのがつらいために終結近くなって、もう一度悪くなります。カウンセラーは、そのことを感じたときには、クライエントと話し合わねばなりません。あなたはよくなったら、私から離れねばならない、それがつらいのとちがいますかということを、はっきり話し合う必要があります。しかし、このようなことは二年も三年もたった長いカウンセリングのときに起こることが多いものです。この離れがたい気持ちはカウンセラーの方にも起こりますから十分注意しなければなりません。このようなとき、カウンセラーはクライエントの問題をほじくりだす傾向がありま す。というのは、完全な人間というのは世の中にいませんから、完全な人間になってカウンセリングを終わるはずがない。

不完全な人間が、不完全ながら私の力で生きていきますというときにカウンセリングが終わるのです。ところが、完全な人間をめざすと、カウンセリングは無限につづくはずです。下手をするとクライエントがよくなって、もう終わろうと思っているときに、カウンセラーが「あなたには、まだこんな問題があるだろう」と言えば、実際、問題はあるのでクライエントも、また、つづけなければという気持ちになるときがあります。カウンセラーとしては自分で意識せず、クライエントのことを思って言ってあげたような気になっているけれども、心の底ではクライエントを離しがたく思っている場合があることに注意しなければなりません。

このようなときは、意味がありそうな、ないような調子でカウンセリングがつづきます。本当にがんばってひと山越えたというのでなく、だらだらと自分の欠点について、積んではくずすことをくり返すだけの無意味な時間を過ごすことになります。だからクライエントがひと山越えて、次のふた山越えるのもつらいし、ここでやめるのもつらいしというわけでだらだらしているときは、はっきり、「やめましょうか」と言った方がよい場合があります。そうすると、クライエントは決断を迫られます。あるクライエントが言われましたが、「なんとなく先生のところへ来ていると、いろいろよいことがでてくるので、このままずっとつづけていくと自分はよくなるのだという気持ちでいましたが、急にやめましょうと言われたのでショックを受けた。しかし、やっぱり自分でがんばらねばだめだということにはっきりと気がついた」と。

第三節　評　価

カウンセリングの評価は内的な人格の変化と、外的な問題解決の程度によって評価できます。その場合、内的な仕事をどれだけしたかということは、カウンセラーがよく知っていますし、それについて、クライエントと話し合うこともできます。もっとも、内的なことに関しては、クライエントはあまり関心をもたないこともありますが、外的な問題解決の方は、クライエント自身がよく話してくれます。

ところで、クライエントが言っている外的問題は、本当の意味で外的事実といえるかどうか分からないことを知っておかねばなりません。たとえば、失恋で死にそうだと言っているクライエントは、本当に死ぬことを意味していないこともあります。カウンセリングの場で話されることというのは、どうしても内的な世界が大きくクローズアップされます。クライエントの内的感情や願望などが外的事実と混同されるのです。ですから、今までけんかをしていた人とけんかをしなくなりましたとクライエントが言っても、実際はどうか分からないのです。クライエントとしてはけんかしなくなったつもりでいるが、そういうことをしているかもしれない。だから、クライエントの言ったことのみで評価できるかどうかむずかしい問題です。

たとえば、クライエントが、「私は無口で意見もよう言わずにきましたけれど、カウンセリングのお陰でずいぶん自分の意見も発表できるようになって喜んでおります」と言うと、カウンセラーは非常に嬉しい。カウンセリングの効果があったとひそかに喜んでいますと、偶然、クライエントの同僚と道で会ったりします。カウンセラーはクライエントの様子をそれとなく聞きますと、「あの人はもう困り者です。何かというと意見を述べる。今までは、皆の言うことにちゃんとついてきて、非常に気持ちのよい人だったのに、この頃は意地っぱりになってきた。言わぬでもよいときに意見を言ったりする嫌な人です」と言う。カウンセラーは喜んでいるのに、同僚は悪くなったと思っているということもあります。実際、意見を言わずに静かにして好かれていた人が、意見を言うことによって嫌われるようになったとき、それがよいのか悪いのか、これもむずかしいところです。私はそれを聞いただけでクライエントが悪くなったとも思いません。ある程度、人間というのは人に嫌われねば面白くないものです。誰にも好かれる人間というのは生きていないも同然かもしれません。といって、たくさんの人に嫌われるほど生きがいがあるともいいがたいのですが。そうなりますと評価ということが、ますます分からなくなります。

一体、皆さんはどんな物差しでクライエントを測りますか。たとえば、日本の場合では、自我ということを確立せずに生きた方が人からほめられることが多いかもしれません。ああしなさい、こうしなさい、と言われて、はい、はい、と聞いていれば、おとなしい気立てのよい人といわれるかもしれませんが、喜んでいるのは他人で、本人は生きていないかも分かりません。本人が少し生きようと思うと、こうしなさいと言われたことに対して、私はこう思いますと言います。そうすると、今まで「はい、はい」と言ってもらって喜んでいた人が腹を立てる。そして、この人は悪くなったと言うでしょう。

一体、カウンセリングするということは、どういう意味をもっているか、考え出しますと、本当に分からなくなります。しかし、私は、やはりあくまでもクライエント中心だと思っています。クライエントとしては外的適応に重点をおくのか、少しぐらい周囲とまさつを起こしても、自我を確立しようとするのか。ただし、私がよく知っているのは、カウンセラーとして、内的人格変化が行なわれて喜んでいても、ある人からみれば、それは悪くみえるという場合もあるだろう。あるいは、内的人格変化を起こしたために、外的には不幸な形態におちいるクライエントもあるだろうということです。

次に、内的人格の変化という点については、カウンセラーとクライエントが一生けんめい一人よがりで思いこんでいる場合があります。人格の変化について、あまり一人よがりにならないためのひとつの方法は、心理テストによって確かめるということもあります。クライエントが、どの程度変わったかということを、カウンセリングを受ける前と後とテストをして、どの程度かを知るというわけです。しかし、これも、そう簡単にいきません。クライエントに心理テストをしてもらうとき、質問紙法のテストやチェックリストを用いますと、これはあまり悪く書くと先生に申しわけないとクライエントが思ってつけるかも分からないし、また、カウンセラーに対する敵意があって逆につけたりするかも分かりません。

そこで、質問紙をやめて、ロールシャッハ・テストやT・A・Tなどの投影法を用いますと、テストを判定する人の主観的なものを生かしていかなければなりませんので、これもむずかしい問題がはいってきます。しかも、テストに反映される人格構造の部分と、クライエントの外的行動として示される人格の動きは、必ずしも一致しているとは限らないので、ますます問題は複雑となってきます。つまり、外的な行動は相当変化していても、テストで把握される部分はゆっくりと動いていることもあるし、この逆の場合もあり、それがどのような意味をもち、またどのようなことを示しているかは明確にいいがたいことも多いのです。この点、テストの研究も進まねばならないのですが、この点について述べることは本書では省略いたします(私が出版しました『臨床場面におけるロールシャッハ法』において、ロールシャッハ法による心理療法の評価について少し論議していますので、興味のある方は参照して下さい)。

このように考えてゆきますと、カウンセリングの評価というのは非常に複雑なことになりますが、われわれとして、実際問題としては、今まで申し上げたような点に留意して、評価の多元性について忘れることなく、たとえカウンセリングは終結しても、その後まで長い目で見てゆく態度が望ましいと思います。

第七章　カウンセラーとクライエントの関係

第一節　転　移

転移の現象という観点から、カウンセラーとクライエントの関係をみていこうと思います。

転移ということを言いだしたのはフロイトです。転移の問題は、ふつうにカウンセリングをしている状況においては、それほど問題にはならないかもしれませんので、この入門講座で、どの程度ふれたらよいか問題なのですが、やはりみておりますと、カウンセリングの場面にも生じておりますし、カウンセリングの場面にかぎらず教育場面でも起こっているように思いますので、簡単にお話しします。

1　フロイトの考え

まず初めに、フロイトの考えについて述べます。フロイトは初期の頃、催眠療法による治療をしておりまして、その後、自由連想法によって治療するように変わってきたわけですが、催眠療法の際も、自由連想を主体とする治療法に変わってからも、患者が幼児期に抑圧した事柄などを治療者に向けてくることに気づいたのです。極端な場合ですと、相当年配の患者でもセラピストを父親や母親、恋人のように思ったりして、強い感情を治療者に向けてきます。このように過去の体験をもとにしたいろいろな感情を治療者に向けてくるのを転移と呼びます。

フロイトは、こういう現象を積極的に利用し、転移の現象を解釈して、それによって患者に洞察を得させるということを考えます。つまり、フロイトの考えによりますと、分析家は患者と向かい合ったり、話し合ったりするのでなく、患者は寝椅子に横たわり、分析家は背後に座っているので患者は分析家を見ずにいろんな感情をだしてくる。それなのに、急に分析家を殺したいほどの気持ちがでてきたり、あるいは、分析家を非常に愛する気持ちがでてくるということは分析家に責任があるのではなく、患者の体験を転移してきた。だから、「わたしは、あなたに何もしていないのに、そういう怒りの感情が出てくるというのは、あなたの内的にそういうことがあるのです」という解釈をします。それを、患者が悟ることによって、自分の欠点、問題をはっきりさせることができると考えました。その場合、分析家が患者にいつも出会っていたり、一緒につき合ったり、遊んだりしていると、好きになられたり嫌いになったりするのも当然ですが、分析の技法としてうしろに座っているだけなのに、そういうことが起こるのだから、転移であることが明らかだというわけです。フロイトは分析をするには転移ということが必要であり、これが起こってこそ治療ができると考えています。

この場合に、もう少し言葉の説明を加えておきますと、ここに起こった感情が分析家に対して好ましい感情、つまりお父さんを愛するような気持ちとか、好きでたまらないといった好ましい感情がでた場合を陽性の転移といいます。分析家を殺そうとしたり、大嫌いになったりというふうな否定的な感情になった場合を陰性の転移といい、どちらも大切な転移であります。

2　転移の実際

実際、われわれがカウンセリングをしているときに、そんなことが起こるのだろうか、クライエントが、急に「先生を殺したいぐらいに思います」とか、「先生が好きでたまらない」とか言うのだろうかということですが、これは、そのような形でないにしても、いろいろなところで転移が起こっているわけです。

ひとつの例をいいますと、ある不登校の子のところへ先生がたずねて行かれた。そういう子は、なかなか会ってくれないのですが、その子は会ってくれました。そして、誰とも話をしないと思われていた子が、担任の先生に、本当はぼくは学校へ行きたいのだが、なかなか行かれないのだということを親しく話してくれました。担任の先生は、カウンセリングをしておられた方でしたので、いろいろ話をして、また、来週話をしに来てもよいかと言われると、来てほしいと言いますから、その先生は喜んで、また、次の週に行かれたわけです。

誰にも話をしないとか、どうせ先生が行っても話をしませんよと皆が言っているのに話をしてくれた。だから次は、どんな話をしてくれるのだろうと喜んで行ったところが、その先生が訪問して戸をあけると、その子が、先生の顔を見るや否や、二階へあがって戸を閉めてしまったので、先生はびっくりします。せっかく、あれだけ喜んでくれた子が、一週間のうちに、もう自分を嫌いになってしまった。一体、自分のどこが嫌われたのか、あるいは、前に会ったときにどんな悪いことを自分は言ったのか、あるいは、自分がちょっと調子にのりすぎたのかと心配になってきた。それで、お母さんが二階へ呼びに行かれ、その子が降りてくる。ところが先生は、私は嫌われた、失敗したと思い気持ちがおだやかでない。面接していてもうまくいかない。しかし、あとでその子は先生が入ってきたときに、お父さんと間違えて、とんで逃げたということが分かります。これは面白いことですが、先生とお父さんと絶対見間違うはずはないし、時間的にもお父さんが帰ってくるような時間ではないのに、なにかしら子どもはお父さんが帰ってきたと思いこんでしまったのです。そういうことが分かって先生はホッとされたわけですが、その場合に、一回目にあれほど先生と親しくなった子が、瞬間にはお父さんと見間違えるという現象が起こっているわけです。

先生とか福祉司の方で、こちらが親切でしてやった行為を拒否されたということをよく体験しておられると思います。たとえば、クラスのなかで気の毒な子がいることが分かっている。その子に遠足のお金をあげると言ったり、家へたずねて行って何かしてあげようと言うと、こちらが一生けんめい親切にしているのに戸を閉めるとか、そんなものいりませんと放り出してしまう。あるいは、不登校の子によくありますが、たずねて行くと二階から水をまくとか、いろいろいやなことをする。その場合よくあることは、こちらがこんなに親切にしているのに向こうはこちらの親切を無にした、あんな変わった子どもはだめだとか、ああいう考え方だからだめだと言って怒られる先生がありますが、これも転移という考え方をするとよく分かると思います。

つまり、小さいときから、お父さんやお母さんとの関係が非常に悪かった。人を見るとどうも信用するという気が起こらない。お父さんやお母さんに見捨てられたりした子どもは、他人の親切を簡単に信じられない。だから今までの体験がどんな人間関係にも転移してきて、親切を受けいれられないということが起こってくるわけです。そういうことをわれわれが知っていると、こちらがこんなに親切なのにそれを無にしたという常識的な考えをもつよりも、こちらの親切を受けいれることのできないほど痛めつけられ、不幸な生涯を送ってきたということが分かるはずです。

あるカウンセラーがクライエントを訪問したが、その子は戸を閉めてしまった。カウンセラーは、その子が怒っている気持ちを受けいれなければならないと思うのですが、やはり受容できません。そこで、怒っている気持ちを受容しようと思ったが腹が立ってきてだめだったと反省されるが、私にはそれが道徳的な反省に聞こえてくるわけです。自分はもっと道徳的に高い、どんな悪いことをされても受けいれる、つまり、仏さまか神さまのように、どんなに足蹴にされてもそれを受けいれられるような人間になりたい。ところが、なれないからだめだと常に反省される。道徳的反省は悪くはないのですが、ほとんど効果がありません。そこで、もう少し事態を探究してみたら、なるほど、この子はカウンセラーを父親と見間違ったということが分かってきた。これはなかなか面白い。あれだけ一生けんめい話し合ったカウンセラーさえ、父親と見間違うほどお父さんとの関係に大きい問題があるのだ。そういう子が学校へ行けないでいるのは当たり前ではないかというように、むしろ、その子の気持ち、あり方が胸に迫ってくる。そういう子ならゆっくり会っていこうという気持ちが起こります。

ここで、この両者の態度を比較してみますと、初めは非常に道徳的な反省であるのに対して、後の場合は、もっと現象をよくみようとする。よくみることによって事態が了解されるという点が異なっています。その点でカウンセリングをするものは、やはり、今言いましたように単純な道徳的な反省をするよりも、もっと現象を追究していこう、できるだけ細かく追究していこうという科学的な探究心がないとつづかないと思います。心理療法は、宗教的なものといろいろ似たところがありながら、このような点で相違が生じてくるのだと思います(あるいは、ひょっとしたら同じかもしれません。宗教家でも、こういう動き方をしておられるかもしれません)。

この場合に、もっと悪いのは、自分がそのときに腹が立ったということを隠す人があります。これは一番悪いです。腹が立ちながらそれは言わないで、いや、私は一生けんめい受容しましたが何かうまくいきませんでしたと言うような人があります。人間ですから腹が立って当たり前です。そういう腹が立つことは面白いではないか、もう少し深くみてみようという気持ちでいけばよろしい。その場合、われわれが転移ということを知っていると、かえってクライエントの気持ちがよく分かる。深く共感できるということがあります。実際、われわれが本当の意味で受けいれる、共感するということをしていくには、深く知るということがそれに関連してきます。私は皆さんから事例について相談されて、このポイントで転移ということを知っておられたら、うまくいっておったのではないかと感ずることが多いのです。ほとんどの人が、単純な道徳的反省におちいってしまうことが多いと思います。

3　転移を受けいれることの是非

転移があった方がよいか、ない方がよいかということは学派によって考えが違いますが、私は、別になくてもよいと思っています。もっと極端にいいますと、転移は起こらない方がやりやすいと思います。といいますのは転移が起こってしまいますと放っておくわけにはいきません。起こってしまった場合にそれを取り扱うことは、なかなかむずかしいことです。よほどカウンセラーが体験と訓練をつんでいなければできないことです。ひどい場合は男性に対して女性のイメージを転移したり、女性に対して男性のイメージを転移することさえあります。非常に極端な場合は、女性の治療者に対して父親を感じ、男の治療者をまるで母親のように感じたりすることもあります。転移という場合、激しい愛憎の感情が生じ、それは、しばしば恋愛感情とよく似てきますので取り扱いが非常にむずかしくなります。転移といいますのは、自分の幼児期の感情が転移されるものですから、別に、恋愛感情とはかぎらないのですが、なかには転移というと恋愛感情の転移ばかり考えている人があるくらいです。そう思う人があるくらい恋愛感情に似たものが生じますが、似てはいますが愛ということとは違うと思います。実際、そういうことが起こってきたときに、それを受けいれたらよいということをいいますが、なかなか、クライエントがカウンセラーに対してもっている恋愛感情を受けいれるということは大変なことです。反面、拒絶してしまうと、クライエントとの関係が断たれることになる。受けいれるとこちらの命が危なくなるというわけで、むずかしくなりますから、転移が起こらずに治ってくれた方がよいと思うのです。

4　転移への姿勢

ところが、まるで転移を起こさせるようにしているカウンセラーがあります。先にも言いましたように、正式に精神分析の訓練を受けて、転移をどのように扱っていくかを知っている人は別ですが、そんな訓練を受けていない人が、転移が起こるようなことを知らぬ間にやっているのはいけないことです。

知らぬ間に転移を起こさせるということは、どういうことかといいますと、たとえば、約束の時間より長くクライエントが話しこんでしまうとき、せっかく話しているからと、三十分延長して聴いている。次に、クライエントが約束の時間より遅く行かせてもらうと言うと、けっこうです、やりましょうとこたえる。そういうことを何気なくやっていると、そのために転移が非常に強くなるのです。なぜかといいますと、皆さん自身がカウンセリングを受けられたら分かると思いますが、カウンセリングというのは厳しい関係です。クライエントは自分の力で立ち上がるといっていますが、自分の力で立ち上がることほど、人間にとって厳しいものはありません。誰かが授《たす》けてくれると嬉しいのです。

たとえば、母親が憎くて仕方がないと言うとふつうなら何か慰めてくれたり、それなら、私がお母さんに会いましょうと言ってくれたりするわけです。ところが、母親を憎いと言えばカウンセラーは、憎く思っているということは聴いてくれるが、次に何も言ってくれない。母親が憎いということは、ふつうの場面ではなかなか誰も聴いてくれない。いい加減のところで、「まあ、あなたのお母さんもよいところがある」とか、「憎いといったところで、それほどでもないでしょう」とうち切ってしまわれる。ところが、カウンセラーは憎いと言っても聴いてくれる。殺したいと言ってもまだ聴いてくれるわけです。そこまで、心の深いところまで聴いてくれるということは、この人はよほど自分のことを思ってくれているのだと思わないかぎり言えない。だから、「絶対、先生は、私のことを思ってくれているのでしょう」、もっと言えば、「私は、そんなだめな人間ではないですね」と言いたいわけです。ところが、それに関してカウンセラーは、「あなたはすばらしい」とも、「あなたのために全力を尽くす」とも言わない。そうするとクライエントとしては確かめたくなる。そこで一番よい確かめ方は、たとえば、時間や場所の制限を越えてカウンセラーが面接してくれるかを試してみることになります。

これは、皆さんがクライエントになられたら分かると思いますが、カウンセラーの前に座って、「先生は、私をすばらしい人間と思っているのですか」とか、「先生、私を好きですか」とか、なかなか直接に聞けません。そうすると間接的に分かることは、約束を無視してまで私のために尽くす人かということを試してみたい。その意味で、クライエントがカウンセラーとの約束をほんの少し曲げてでも私のためにしてくれるかということに敏感になります。このときに、カウンセラーが不用意にクライエントの動きにのってしまうと、クライエントは、カウンセラーが自分のために何もかも尽くしてくれる人だと思いこむような、強い転移感情をもってしまうのです。

次によくありますのは、あまりにカウンセラーに手応えがないので、カウンセラーという人間は自分のことをどこまで思っていてくれるかを試すために質問する人もいます。クライエントに答えないことを信条としているカウンセラーには、よけいこういうことが起こります。

たとえば、クライエントが「先生、私は夫とうまくいかないので、もう別居したいと思います」と言いますと「あなたは別居したいのですね」と答える。と、次に「先生はどう思われますか」と言ったり、「先生が私の立場ならどうされますか」といろいろ聞いてくる場合があります。それは本心からクライエントが聞きたがっていることは、「先生は本気で取り組んでくれているのですか」ということなのです。あるいは、「先生は私をたすけてくださるんですか」ということです。この気持ちが分からずにいると中断になることが多い。しかし、その場合に何となく答えていますとまた、転移が起こります。つまり、「先生だったらどうされますか」に対して「私だったら離婚しますよ」と不用意に答えてしまうと、それが強い転移を呼びこむことになってしまったりします。

素人が（いかにすばらしい人生経験をもっていても）、相談をしてやろうとすると、一、二、三回で中断するという例が多いのは、知らず知らずに転移を呼びこみ、その転移が大きくなったときには、それに支払うことができなくて放り出す人が多いからです。これが、「私だったら結婚します」とか、「私だったらこうします」と忠告して、クライエントが先生の言うとおりを聞いてくれたり、あるいは、先生の言うだけのことをする力がある場合は問題が起こりません。ところがクライエントが非常に弱くて、大きな転移が起こってきた場合は、カウンセラーは転移を受けいれることができない。そして、「どうもあの人はかなわん」とか、「つきまとってくる」と言う人があります。これは、実のところつきまとうようにしたのは自分ですが、自分がしたとは全然気がついていない。これは非常にいけないことです。その現象を自分がひき起こしておきながら、責任をとらないのですから。

私は、「あなたは他人の深い問題を聴いていながら、どうしてつきまとわれないのだ」と聞かれることがあります。というのは、他人のことに一生けんめいになっておられる人があるのですが、一生けんめいになると、何となくいやになるほどつきまとわれる。それに対して、私がつきまとわれたり、困ったことがないというのはどうしてなのかということですが、それは、結局はその人がつきまとわれるようなことをどこかでしているのだということです。

人間というものは弱いものです。だから、少しの間はつきまとわれるのがなんとなく嬉しい。その少しの間を越えるとわずらわしくなる。うるさくない程度につきまとってほしいというのはすべての人間の思っていることです。そこで、そういう気持ちをもたないだけの強さがカウンセラーには必要です。いわば、素人の喜びそうな恋愛に似たような感情というものが、ほとんど愛と関係のないものだということを知れば知るほど、そういうことがあまり嬉しくなくなります。端的にいって、深いけれど親しくない関係、親しくないが、それゆえにこそ深い関係に入りこめるという事実をよく知るべきです。

5　逆転移

カウンセラーは、しばしば自分自身がクライエントに対して転移を起こしている場合がありります。これを逆転移といったり対向転移といったりします。カウンセラーに甘い考えがある場合は、どうしても、そういう気持ちをもってしまいます。あるいは、カウンセラーが自分の父親とか、母親の大きい問題をもちながら解決をしていない場合、たとえば母親との結びつきが非常に大きくて、離れることができなくて苦労しているカウンセラーがいますと、それに似た問題をもってきたクライエントがいると、クライエントの言うことがよく分かる。ところが、分かりすぎて自分の問題とクライエントの問題とが一緒にくっついてしまう。そして、同情してしまって問題から立ち上がっていく力がなくなってしまう。あるいは、クライエントが他の問題で来ても、すぐに母親の問題であるかのように思ってしまうということもあります。これを逆転移といいます。あるいは、クライエントがある程度カウンセラーに恋愛感情に似たものをもつということがあったとしても、カウンセラーの方までもクライエントに感じてしまうという場合、それは、明らかな逆転移です。

第二節　カウンセラーとクライエントの関係

深い治療をしようという人は、自分のことをよく知っていないとだめです。自分自身をよく知るためにも、カウンセラーになる人はカウンセリングを受けるのがよろしい。

ところがそうはいいましても、カウンセラーも人間ですから、自分自身を知るといいましても、自分自身の心を知るというのはほんの少しです。私にしても、まだ、母親になったことはありませんが、うんと掘り返せばわたしの心のなかで母親になれる可能性があるかもわかりません。あるいは、大それた強盗をしたことはありませんが、その可能性があるかもしれません。そういう可能性は無限にまだまだあると思います。いかに自分を知るといっても、他人よりは少し自分を知っていると思いますが、何もかも知っているわけではありません。そして、そこへやって来るクライエントは一人ひとり、皆違う問題をもってくるのですから、そういう問題を私は解決してしまったといえるようなことは少ないのです。よほど自分を知っているつもりでも、転移と逆転移のなかに知らず知らずのうちに巻きこまれていくような事柄が起こるわけです。そして、一体それはクライエントの問題なのかカウンセラーの問題なのか、分からなくなるようなことが起こってきます。そこまで話が進んできますと、一体その現象をどういうふうに考えたらよいのか、その現象を何と呼んだらよいのか分からなくなるのですが、そういう意味でひとつの例をあげます。

1　逆転移の例

私が知的障害の子どもをもったお母さんに長い間カウンセリングをしていたことがあります。そのお母さんと話しているうちに、私の方がカッとしてしまって、「どうしてこの子だけが知的障害に生まれなければならなかったか。考えてみれば、あなたも悪いことをしていない。御主人も悪いことをしていない。われわれがそんな無茶をしたこともないのに、なぜこの子が知的障害に生まれねばならなかったのか。もっと悪いことをした人の子どもでも普通の子、あるいは普通以上の子どもをもっている。もし人間世界に知的障害の子が何人か生まれなければならないということがあったにしても、なぜ私たちが引き受けねばならないか。なんと不公平な世の中だ」と言いました。

そうすると、そのクライエントである母親が慰めてくれまして、「先生、私は知的障害の子をもったことによって、どれだけすばらしい人生を送ったかわからない。こういう子をもったために他の母親が経験しなかったような、母であることの深い体験をした。あるいは、他人より能力の低い子をもつという負い目をもって生きてきただけ、私は他の人の心がはるかに分かる人間になりました」と言われました。ところが、これは考えてみますと嘆く者と慰める者の立場がまったく主客転倒してしまっています。こういう事柄が、長いカウンセリングをしていますと、「いま」というときに起こります。これは意識的にやろうとしてもできるものではありません。けれども、長い間二人で会っていくうちに、とうとうその人がもちつづけていた、知的障害の子をなぜ自分だけがもたなければならないかといった怒りや悲しみが、わたしの心のなかから本物となって流れてきます。それを聞いて初めてこの人は、知的障害の子をもった「意味」を自分の体験として語るということが生じてきます。私たちは、ときに、こういうようなまったく主客転倒したような、あるいはカウンセラーとクライエントの二人のなかに、ひとつの問題がわき起こってくるような体験をさせられます。どこまでがカウンセラーで、どこまでがクライエントか分からないということが生じるのです。

これは、あるカウンセラーに体験をお聞きしたのですが、クライエントは高校を卒業して浪人している人です。問題についいては触れませんが、ともかくカウンセリングを受けているうちによくなってきて、大学を受けることになりました。ここで入学してくれるとカウンセリングの効果もあがるが、落ちてくれるとせっかくの努力もあまり役立たぬこととなるので、カウンセラーにとってはたいへん心配なことでした。それで発表のあった翌日廊下で会いましたので、「どうだった」と聞くと、クライエントが、「だめでした」と言います。カウンセラーは、そこでまいってしまい、部屋に入ってもクライエントにものの言いようがない。かわいそうにとも、来年がんばるようにとも言う気も起こらず、カウンセラーがシュンとしていると、クライエントが「先生、これ見てごらん」と言うので、見ると合格通知です。カウンセラーはあまりの逆転にびっくりして喜ぶどころでなかったということです。

実は、そういういたずらをしたその子は、カウンセリングを始めた頃は冗談ひとつ言えない子だったのです。その子がここで、こんな思いきった冗談をしたということは何を意味するのでしょう。それは、カウンセラーが知らぬ間にその子の「おやじ」になっていた。その「おやじ」に対して一発お見舞いしたというべきでしょう。うちの子はだめだからわたしが何とかしてやらなければ立ち上がれないのだというふうな考え方は、カウンセラーの考え方と違います。カウンセラーの本来の考えは、いくらクライエントがシュンとしていようと、能力がないように見えようと、この子の内的な力を信じて立ち上がらせるということだといくら私たちが頭で知っていても、その子を前にして座っていると、カウンセラーは知らぬ間にこの子の親の役割をしている。カウンセラーとしては、この子が立ち上がってほしい、立ち上がらせてやるということが心の底にあって、クライエントが大学を受験したときに頂点に達したのです。その頂点に達したところで、この子はパッと裏を返したのです。要するに、「お父さん、あんまり心配せんとおき。ぼくは一人前なんだ。冗談も言えるし、大学へも入った」と言ったわけです。これは終わりの宣言です。独立したことの宣言をしたわけです。こういうふうなことが、実際カウンセリングでは起こります。

この場合、カウンセラーは下手だったのか。カウンセラーとして、この子の能力を信じて待っているような方法でなしに、親の役割をしていたのは下手だったのかということはいえないと思います。なぜかというと、このクライエントは、そういう親の像を叩きつぶすことによってこそ立ち上がることをやった。それを思うと、このカウンセラーはクライエントの立ち上がっていく素材になって、非常に大きい仕事をしたのだ。そして、この子は家でも、実の父親に対する態度を変えるように成長してくるのです。

2　逆転移をどう考えたらよいか

このようなとき、カウンセラーはどうすればよろしいかとこのカウンセラーにたずねられましたが、そのとき私の言ったことは、柔道と同じに、カウンセラーは投げられるときには思いきってきれいに投げられることですと言いました。実際、柔道の先生は生徒に投げられることによって教えることも大切です。ただ、そのとき、私たちは受け身を知っているから命を損なうことなしにきれいに投げられて、そして、次の人につづいて会っていける専門家であるということです。これは終わりの宣言としては特徴的な例だと思います。私は一人前になりましたよと、口で言っていないが、そっくりのことをしています。この場合、カウンセラーは父親の役割を知らぬ間にとって、逆転移を起こしていたといえばいえますけれど、実は、そういうことを通じてのみ、このカウンセリングがうまくいったのではないかとさえ思います。

第五章に述べた事例でも、私がクライエントの家に行ってたまりかねて怒鳴りつけましたが、あれは明らかに私が逆転移を起こしているわけです。私が、あの家の「父なるもの」にならされて怒鳴ったことはすばらしいとはいえません。というのは、もっとすごいカウンセラーならば、怒鳴らなくともうまくいったかもしれません。それならば、あそこで私が怒鳴らなければよかったかというと、あのときの私の状態やクライエントの状態では、怒鳴るより他に仕方がなかった。そのなかで、わたしという人間が「父なるもの」の体験をさせられた。そのなかで、その子もその子なりに「父なるもの」との関係を体験して立ち上がっていくことになった。ここで、先ほどのカウンセラーの場合でも、私の場合でも逆転移を起こしていて、そのためカウンセラー自らが傷ついたともいえると思います。

そういう意味では、体の病気を治すときにさえギリシャ時代には、「傷つくことによって癒《いや》す」(Healing by Wounding)という考え方があります。これは、頭の痛い人が来れば、医者は自分が頭を痛めることによってその人が治る、つまり患者の痛みを医者がそのまま引き受けることによって治療が行なわれるというわけです。現在の医学ではこういうことはありませんが、カウンセリングにおいては、しばしば、こう呼んでいいことが起こっていると思います。つまり、二人の関係のなかに生じてくる可能性の世界のなかへカウンセラーも共に自分の体を投げこみ、傷つくことによって癒されるということがあると思います。しかし大切なことは、カウンセラーはここで傷つくことによって癒すことのできる人間でなければだめです。それには、カウンセラーがきたえられていなければなりません。そういう考え方をしてきますと、これを単純な転移と呼ぶかどうか分からないと思いますが、深い意味での転移といえるだろうと思います。これは幼児期の体験との関連かどうかというのでなく、心のなかの可能性の世界を生きるという意味では、何か共通の可能性の世界がカウンセラーにも、クライエントにも作用してきて、それを二人で必死になって生きぬくことによって、それを自分のものにすることができたということです。クライエントだけでなく、カウンセラーの方も可能性の世界を発展させることができた。こういう場合、何か深さをもった転移が起こっていると思います。

3 「開かれた態度」

このような深い転移に対して、クライエントがカウンセラーに身体的な接触を求めるような場合を、激しい転移ということができます。そして、激しくとも内容的には非常に浅いものがありますし、うわべは激しくなくても底の方では非常に深い転移が行なわれているときもあります。

そういう意味では、カウンセラー自身はクライエントに会っているときに自分の心を開いて、クライエントのみならず、自分の心の可能性の世界に対しても開いている態度が望ましい。クライエントの一言半句をも聴き逃すまいという意識的な努力よりも、その場に生まれてくるものを何であれ受けとめていこうという柔軟な態度が必要でないかと思います。そのなかでも、もしも腹が立ったら腹を立ててはいけない、ここで怒るようではだめだという考えより、私は、なぜここで腹が立つのかと考える。自分の心からわき上がってくるものは、どんなものでも受けいれて、全体を調べれば面白いではないかというふうな態度の方が望ましいと思います。

適切な例ではないかもしれませんが、ある不登校の小学生との経験について述べます。話を一般に、そういう子は知的にはすすんでいるが、情緒的にはとても遅れています。話をすると、こちらが顔負けするような小説をたくさん読んでいるが、夜は、お母さんと一緒に寝ている。情緒的にいいますと幼稚園、頭は中学生より上位というアンバランスな子です。その子と私が散歩しておりまして、チャンバラをしようかということになったのですが、何となく、こちらが気恥ずかしくなってきまして、チャンバラをやめて、その代わりにそのへんを叩きながら帰ってきたのですが、そのときに私が思ったのは、子どもとチャンバラをするのが嫌いでない私が、なぜあのとき、気恥ずかしくなったのかということです。考えてみると結局、それは私ではなく、その子が恥ずかしがっていたのではないだろうか。つまり、情緒的に幼稚園の子どもが、私と接しているうちに大きくなってきて、チャンバラをするほど元気が出てきたが、一方、頭は中学生ぐらいですから、今さらチャンバラではないと思う。結局は、まだチャンバラをするには早かったのです。だから、そういうときにやりかけても、私が恥ずかしいと感じてしまう。そういうときに無理してするより、あっさりやめればよろしい。つまり、カウンセラー自身の恥ずかしいという感情に従うことによって、適切な時機まで待てることになるわけです。

このような考えでカウンセリングをしていますと、いろんなことがわき上がってきて面白いものです。カウンセラーもそのつど、新しい発見をしているといえます。これは、ひたすら固くなって相手の言葉を聴き、受けいれていかなければならないというのとは少し違った感じになります。ある意味では、もう少し楽な感じでする方が、はるかに有益なことが出てくると思います。

第三節　限界設定の意味

今まで述べてきたように、新しくわき出てきたものを二人で共に体験するという方法でカウンセリングを行なうのであれば、カウンセラーはどんなことでも思い切ってしていってもよいように思われます。しかし、事柄はそれほど簡単ではありません。可能性の世界は、何度も強調しましたように、恐ろしい世界ですから、うっかり飛びこんでゆくとカウンセラーの力がつきて共倒れになってしまうことが多いものです。クライエントの言うままに時間を変更したり、場所を変更したり、あるいは家庭を訪問したり、うっかりとしたために、クライエントの依存性を高めてしまうことになったり、強い転移を起こされて受けきれなくなったりすることが多いのです。

1　カウンセラーの守るべき限界

クライエントの人格の発展を願い、できるだけの努力を払おうとしながら、時間や場所を限定することは矛盾しているようですが、このような限定があってこそ、人間は深い関係をもつことができるのです。できるかぎりのことをするという場合、自分のもっているものをできるかぎり提供するといった常識的な援助をしようと、カウンセラーは思っていないのです。カウンセリングのねらいが可能性の発掘にあることは、しばしば強調してきました。そして、可能性の発掘という困難な仕事は、設定された限界をあくまで守りながら、努力をつづけることによってこそなされることが多いのです。

たとえば、あるクライエントとお会いして、その孤独感や悲しみがあまりにも私の心に伝わってきたので、帰られてから、自分の気持ちを書き、そして慰めの言葉を書いて手紙を出そうと思いました。しかし、カウンセラーの守るべき限界のことを思って結局は手紙を出さなかったのです。そうすると、次の回にそのクライエントが言われたのは、前回に話し合った後で、孤独感があまりにも強くなってたまらなくなった。こんなときに「先生が手紙をくだされぱいいのに」とさえ思った。ところが、偶然に古い友人と町で会い、いろいろ話し合っているうちに自分の現在の悩みを話し、友人も非常によく分かってくれて嬉しかった。そして、その友人とまた親しくつき合うようになったということです。

結局はこの友人との関係がクライエントの立ち上がってゆく支えともなるのですが、このような場合、私はやはり手紙を出さなくてよかったと思います。そのとき手紙を出していたら、もちろんクライエントは非常に喜び、私に感謝されたことでしょう。しかし、ひょっとするとその感謝は、私に対する大きい期待になり、私も感謝されたことに喜んで期待にそうよう努力をつづけ、結局は、そこに生じてくる大きい転移と逆転移の関係から、二人とも抜け出せなくなってしまうかもしれません。クライエントからの陽性の転移に喜んでしまって逆転移を起こし、そのために、そこから逃れ出るための無用の苦しみをクライエントに与えてしまうことは、カウンセラーとして厳しく自戒せねばならぬところです。

2　自戒すべきカウンセラーの自我肥大

われわれはクライエントに好かれることや感謝されることを目的としてはいないのです。いってみれば、クライエントができるだけ早くわれわれのもとを立ち去っていってくれることを目的としているのです。深く深く交わった人が自分から離れてゆく悲しみに耐え、その意味を知ることのできない人はカウンセラーになれません。

少し横道にそれるようですが、先の手紙の場合についてもう少し考えてみますと、ここで、このときに現われた友人は、クライエントが立ち上がってゆくための大きい力になるのですが、この友人がクライエントに役立つ仕方と、カウンセラーが役立つ仕方とは異なっていることに注意してほしいと思います。友人はクライエントの悩みに同情したり、家へ訪ねてきて慰めてくれたりするわけです。カウンセラーは、そういうことをせずに、いわばこのような友人を獲得しうる心の準備状態をクライエントの心のなかに作りあげることに役立っているのです。事実、カウンセラーに思い切って自分の孤独感を表現し、それを深く味わうことなくしては、このクライエントは古い友人に町で会ったとき、その胸を開いてゆこうとはしなかったと思います。この点については、私はまた、クライエントが立ち上がってゆくためには、カウンセラー以外の実に多くの人が助けになっているものだといつも思います。友人や両親や先生など、多くの人が役立っているのです。そして、カウンセラーとしては、そのことをよく知っていないと、まるで自分一人でクライエントをよくしたような錯覚を起こすことになります。これはカウンセラーの自我肥大につながり、よくないことはもちろんです。

多くの人がクライエントを助けているなかで、カウンセラーは本来的には、限定された場所と時間を守り、いわば自分は何もしないことによって、クライエントが自らその可能性を掘り出してくることに役立とうとしているのです。

ところが、ここでクライエントの周囲の人があまり役立たないとき、たとえば先ほどの例で、クライエントは友人に会うこともないし、家族はいないし、孤独感はつのるばかりというときはどうなるでしょうか。このとき、カウンセラーは非常にむずかしい二者択一を迫られるのです。そして必要とあれば、われわれは限界を超えて、手紙を出したり家へ訪ねて行ったりすることになります。しかしこのときは、カウンセラーは自分のしていることの意味をよくよく知っていなければなりません。そしてそのために、たとえ強い転移を受けることになっても、それを克服して、クライエントを独立させてゆけるだけの覚悟と決意をもってしなければなりません。

3　カウンセラーの人間としての限界

たしかに逆転移をあまりにも恐れていては、カウンセリングはできません。前節にも述べましたように、「傷つくことによって癒す」ことは治療の根本とさえいえます。しかし、カウンセラーとしても、自分を一人の生きた人間として、その弱さや力の限界を知るかぎり、限界を破ることの恐ろしさをあくまでも心にとめておくべきです。われわれは限界を守ったためにうまくゆかないにしても、たかだかクライエントにしばらく恨まれる位がおちですが、限界を破ったために生じる誤ちはクライエントの命を奪うことにさえなりかねないのです。

クライエントとカウンセラーの深い関係が確立し、クライエントの力も強いときは、限界の問題に神経質になる必要はありません。少し位の限界を破っても、それによってクライエントが強い転移を起こすこともありませんから。もちろん、この場合でも不用意に限界を破ることは許されませんが、内的必然性が高まってくるときは、限界を破ってもほとんど問題がありません。

第五章にあげた事例では、私が多くの限界を破って行動していますが、あの場合は、私としてはあのようにするより他に仕方がなかったからしたことで、決してよい方法ではないのです。タクシーに乗せていったり、家にクライエントを泊めたりしているのを、「このように熱心にするべきなのだ」などと思ってもらっては困ります。カウンセリングというと非常に簡単にできると思われたり、あまりに形式にこだわったりされる人があるので、特別な例を示したのですから、そのつもりでみていただきたいと思います。あれだけ外的に示されたエネルギーを内にこめて、決まった場所で、決まった時間にカウンセリングがなされるときは、もっと深い人格変化の過程が生じるのです。しかし、あの事例においても、私が限界を破りながらも、それをもとにもどそうと努めたり、破るときもずいぶんと迷ったり抵抗したりしながら、ケースのもつ必然性に押されて、破らざるをえなくなっていくことなどは、よく理解していただけることと思います。

初めに述べましたように、転移の問題は非常に複雑で困難なことです。初心者の人は、むずかしい転移が起こるようなカウンセリングは避けるべきだと思います。限界という点からいいますと、何といってもカウンセリングにおいては、カウンセラー個人の人間としての限界があることは大切なことです。カウンセラーは、そのような自分の限界をよく心得ておくべきです。

第八章　カウンセラーの仕事

第一節　カウンセラーの仕事

今まで述べたことの総まとめとして話したいと思います。

今まで話してきましたが、カウンセリングというのは、結局はクライエントの現在の状態よりはむしろ可能性に注目するということを強調してきたと思います。今どんな悩みをもっているか、その悩みをすぐに解決するというのではなく、悩みの背景にあるその人の可能性に注目する。そういう態度でのぞむと、クライエントは自我防衛がだんだん少なくなってきて、自分の新しい可能性に注目して、今までの人格よりも高い人格として人格の再統合を行なってゆく。そして、そのために問題が解決してゆくということを言ったと思います。

1　カウンセラーの基本的安定感

そのような点からいいますと、まさにクライエントが自分自身で治ってゆくわけですが、そこにおいて、クライエントが治ってゆくあいだに、カウンセラーはどんな仕事をしていたかというと、これはいろんな仕事をしたわけですが、まず第一にいえますことは、カウンセラー自身が基本的な安定感をもっているということが大きい。

つまり、簡単な言い方をしますと、クライエントがその人に会うと、何か安定した感じがして、この人だったら何を言ってもいいんだという感じとか、少しぐらい変なことがでてきても恐くはないぞという感じです。そういう安定感をカウンセラーがもっているということは非常に大切だと思います。これは今までに何度も言いましたが、可能性に向かうということは非常に危険なことである。自分の欠点であるとか、自分のいやなこととかに直面してこそ新しい認識が始まるわけですけれど、そういう危険なこととか、あるいは、自分の欠点とかをこの人に言っても危なくないという感じを何となくクライエントに与えるわけです。カウンセラーが前に座っていることによって、その場のなかに一種の安定感をもたらすということは大きな意味があると思います。

クライエントがよく言われます。「こんなことを言うはずではなかったのに言ってしまった」と。向かい合っているうちに、言うはずでなかったのに自分の暗い過去の話がでてきたり、自分の欠点の話をしたりするというのは、そこにひとつの安定感があるからです。これは、ある意味では母性というものにもつながっています。つまり、われわれでも母の前であれば泣けるとか、母にこそ話せるとか、何か安定というだけでなく、温かさが入っているという感じにつながっている。非常に簡単な場合でしたら、この基本的安定感があるだけで、クライエントは治ってゆくと思います。自分で話をして、自分で可能性をみつけて、自分でよくなってしまうということもあると思います。そういう意味で、何かカウンセラーというと女性を連想する場合が多い。あるいは、女性でカウンセラーになっている人が多いのは、こういうところに秘密があるのかもしれません。

2　安定感を支える理論

ところが、もちろん母性的なものだけではだめです。今まで何度も言ってきましたが、「この人は早く治ってほしい」あるいは、「この人の言うことなら何でも聴いてあげよう」というふうな、いわゆる母性につながるような気持ちで聴いていても、クライエントがあまりすごいことを言った場合、カウンセラーの安定感がグラグラしてくる。たとえば、ある人が自殺をすると言ったり、あるいは、あまりにも極端に父親が嫌いだと言ったりすると、いくら聴いてあげようと思っても、「この人はずいぶんこわい人だな」とか「おそろしいな」という感じをもってしまうと、カウンセラーの方もゆれてくる。その場合に、やはりカウンセラーは、母性的な気持ちだけでなく、人間に関するいろんな知識をもっていなければならない。この点は、理論と態度の相補性として何度も強調してきました。たとえば、自殺するというのは何を意味するのかということがはっきり分かっている場合には、カウンセラーは安定してその話を聴いていられる。気持ちだけでなく、われわれのもっている知識がわれわれの安定感を支えてくれる。そういう意味で、カウンセラーになる人は、母性的なものが大きすぎると、下手すると知識の方がおろそかになって、基本的安定感ではなくて、クライエントを早く安心させてあげようという気持ちが強くなりすぎるわけです。そうすると、クライエントが、たとえば「私はだめな人間だから困っています」と言うと、「いや、あなたはだめな人間ではない」と言ってみたり、あるいは、「私は生きる力がありません」と言うと、「いや、何とか生きてください。あなたはすばらしい人です」とか言ってしまう。そうすると、これは基本的安定感ではなくて、そのとき、その場でクライエントを安心させてしまおうとすることになってあまりよくありません。というのは、あまり安心してしまうとかえって進歩がなくなるからです。

人間というのは安心してしまうと進歩がありません。進歩があるということは、どこか自分に対する不安というかそういうものを起点としているからです。自分はだめなのではないか、自分は人より劣っているのではないかという不安をもっているのだけれど、そういう不安を出してもこわれてしまわないという意味での基本的安定感をもつことが大切で、今の不安をすぐにパッとなくしてあげるということをすると、これは、要するにお母さんがあまり子どものことをかまいすぎて、子どもが進歩をそがれてしまうのと同じになります。このような欠点におちいっているカウンセラーがあるわけです。それは、同情心とか、かわいそうにと思いすぎて失敗するわけで、私のいっているカウンセラーの基本的安定感というのはそんなものではなくて、私がわざわざ「基本的」という言葉をつけたということは、そういう現在の不安を、不安な人に不安を味わわせながらもその底の方で安定を保っていることをいっているのです。

3　いわゆる「待つ才能」

ところで、このような基本的安定感と相応に必要な知識をもっておれば、これでカウンセラーは一人前といえるわけですが、ここで、もう少し面白いことをつけ加えます。私はこの面白いことを強調したいのですが、なかなかよい日本語が思いつかないので困っているわけなのです。

これは、少し話が横道にいくようですが、前にも音楽の指揮者とカウンセラーが似ていると言ったと思います。ところで、クルトウェスという——日本にやって来たと思いますが——指揮者が、指揮者になるための必要な条件をいっているわけですが、そのなかに、「音楽の知識は絶対にもっていなければならない」それから、「知識をもっているだけでなく、たとえば、オーケストラの総譜を見たらすぐにピアノでひけなければならない」とかいろいろ書いているわけですが、最後に、「こういうふうな音楽的な才能全部をもっていて、最後にプラスXがなければ指揮者になれない。このプラスXとは何かというのは、その人が楽員の前に立つと、立ったというだけで皆が音楽をやりたくなってくる。あるいは、その人が、〈今日はベートーベンですよ〉と前に立つと、〈よし、ベートーベンをひとつやってやろう〉ということが全楽員の心にわき起こっている。そういうものをもっているXがなかったら、いかに音楽的才能があっても指揮者になれない」ということをいっています。その点は、私はカウンセラーでも同じだと思います。カウンセラーにも先ほど述べた条件に加えて、このXが必要と思うのです。

ところが、Xでは話にならないので、Xではなく方程式を書いて分かりやすくすべきだと、皆さんにいわれるかもしれませんが、実は、このXを英語でしか表わせないので悪いですが(日本語でも適切な言葉があると思いますが)、**コンステレイティング・パワー(Constellating Power)**と仮に名づけます。これは、何かそこに新しいものを生み出す力をもっているわけで、それは、しかも自分が生み出すのではなくて、クライエントの心のなかに新しいものが生まれてくる、そういうものをつくり出してくるような力なのです。先ほど言いましたクルトウェスの言葉を借りれば、「その人が前に立っただけで、皆が〈ベートーベンをやろう〉という気持ちが心の底からわき上がってくる」。それは、カウンセラーがその前に座っただけで、クライエントにすればそんなこと今までありもしなかったことが、心の底からでてくるわけです。

このXをもう少し分解すると、**可能性への信頼と参加への決意**といえると思います。可能性への信頼というのは、どんなことかといいますと、結局これは簡単にいってしまえば、**待つ才能**といっていいかもしれません。

待つことができる。もう皆がだめだ、だめだから何とかしなければならないと思っているときに、いや、何とかなるかもしれないと思って待っているわけです。そうして、単に待っているだけでなくて、でてきたものが一見悪くみえるものでも平気で「何とかなるかな」と思ってみることができる。つまり、話を聴いていると、「もう私は死にそうです」と言ったときに、すぐに「いや死ぬのは悪い」とそういうふうに思わないで、「なるほど、死にそうかな」と思ってみている。待っている。つまり、要するに簡単に評価をしないし、簡単に方向づけもしない。これは、要するに経験の少ない人ほど早いこと方向づけをしようとして、「これは嫁と姑の問題だ。だから姑が変わらないとだめだ」とか、「嫁が変わらないとだめだ」と思いこんでしまう。ところが、実際は、経験をつんだ人でしたら、「そういうふうにみえるけれども違うかもしれない」と思って待つことができるわけです。ここに可能性への信頼は、待つことだといえます。あるいは、もっといったら、結局、何もしないことだといっていいと思います。カウンセラーというのは、どうしてもあせって何かしたくなる。そのときに何もせずにおれるということは大したことです。

4　参加への決意と欲求

ところが、何もせずにいるということを強調しすぎると、「何かするのはむずかしいけれども、何もしなくていいのなら誰でもできる」と思うのですが、じつは、ものすごい仕事をしているのです。ということは、そういう何もせずにいることによって新しいものがでてくる。その恐ろしい世界へあなたと私と、つまり、クライエントとカウンセラーは、どこまでも入ってゆくし、どこまでも向かってゆこうというすごい決意をもっています。あるいは、それを望んでいます。しかし、すごい決意をもっていながら、それはなかなかおもてにでてきません。怒鳴ったり説教したりすると、私の決意がよく分かりますけど、そういうふうな目にみえるようなことではなく、全然何もしないことのなかに自分の決意を盛りこむということは、非常にむずかしいことといわねばなりません。

そして、実際にクライエントにとっては、カウンセラーがどれだけの決意と欲求をもっているかということが、しばしば分からなくなります。というのは、クライエントとしては私も経験があるのですが、いろいろのことを言って、「こういえば先生は何をしてくれるだろうか」「先生がどうして助けてくれるだろう」と思っているのに、「ウーン」と言うだけで何もしない。そのうちに、クライエントは「この人は私に興味がないのではないか」あるいは、「この人は聴いているだけで一生けんめいになっていないのではないか」と思いますが、実は、ものすごく一生けんめいだからこそそれだけ聴けるし、必死になるからこそ何もしない。つまり、何か馬鹿なことをしてせっかくの人格の発展の道を絶とうとしないわけです。

このことについては、いつか、私の分析家が、「長い間分析を受けていて何を習ったか」とたずねたときに、私は、「いろいろ習ったうちで、〈いかにカウンセラーがカウンセリングのなかに決意をもってのぞんでいるか〉ということを知ったということが非常に大きい」と答えました。というのは、日本人というのは、わりあい待つことがうまい人が多いわけです。ところが、ともすれば、待っているあいだに「どうなってもいいだろう」という気持ちがしてきて、「死ぬのは死ぬし、生きるのは生きるし」となってくる。これに似ているようですけど、ものすごい決意が入っている。それを私が獲得してきたということが非常に大きかったと思います。

参加への決意と欲求をもっているということを、ときにはカウンセラーが明らかにしなければならないときがあります。たとえば、この前の事例のときに少し話をしましたが、「この子がよくなってゆくのは、家族の人たちが、この子と共に山登りをするような苦しさがある。そのときに、その山登りを放っておくわけではなくて、私はあなたがたの登るところまではいくらでもついていきます」とはっきり言いました。あのように決意を表明しなければならないときもあります。ところが、そんなことを全然言う必要のないときもあります。うっかり言いすぎますと、これは口先だけで実際がともなわないことになりますから、めったに言うべきことではありませんが、ときには言うべきです。あるいは、クライエントが、「どうも先生は本気になっていないのではないかしら」と思いだしますと、熱心でなくなってきます。そういうときに、カウンセラーとしては、「どうもあなたは熱心でない」あるいは「そんなふうに熱心でないのでしたら、私はやめたいと思います」とはっきり言った方がいいと思います。そのことによって、クライエントは、かえってカウンセラーが決意をもっていることをはっきりと知ることになります。

どうも二人のあいだが離れて、新しいものが生まれ出ないままに、ウダウダつづいているようなときは、私ははっきり話し合います。「わたしは面白くないけど、あなたはどうですか」とか、「わたしも面白くないし、あなたも面白くないのでしたら、もうやめましょう」とはっきり言うときがあります。それによって決意を新たにすることになる。これは、カウンセリングがあまりにも長びくときは、どうしてもカウンセラーの方も、実際はバテてくるときがあるわけです。いくら待っても可能性はでてこない。このときは、実際はカウンセラーの待ち方が悪いときもあるわけです。そういうときには、「やめた方がよい」ということを話し合うことによって、かえってカウンセラーの参加の決意が強められることになります。

このようにしますと、本当に一生けんめいになって、カウンセラーもクライエントも、心の底から出現してくる新しい可能性に対している。そして、二人が共にそれに参加しているという気持ちがでてきます。ここに、新しい可能性が生まれてくるのは、クライエントの心のなかだけでなく、カウンセラーの心のなかにも生まれてくるわけです。しかし、この新しい可能性というのは、危険性も含んでいますから、あまりにも危険になった場合は、二人の自我はこわされてしまう。そういう場合はとめねばなりません。ですから、カウンセラーは新しい可能性が生じてきて、化学変化を起こしてゆく実験の入れ物みたいなものです。カウンセラーというのは、本当に大変な新しい物質を作るための実験をする入れ物になっていると思います。

たとえば、ある男性のクライエントが、あまりにも女性的なものを抑えて、女性的なものに目を閉じて生きてきたのですが、その人がカウンセリングを受け始めます。だんだん心のなかから女性に対する気持ちとか、関心が出てくる。そうするとこの人は急に恋愛をする。ところが、少しずつ女性に関心をもっていって、長い間たってから恋愛をした人は上手ですけれど、長い間放っていて急に恋愛をした人はたいてい下手な恋愛をします。というのは、浮かびあがってくる気持ちがあまりにも大きすぎるので、相手を見きわめる余裕がないわけです。だから、どう考えても感心できない女性を好きになる場合が多いのです。ところが、カウンセラーは、そこで、「もう少し上等の女性と恋愛したら」と言うわけにはいかない。というのは、それは、上等とか悪いとかいっているのは、こちらが勝手に方向づけをしているので、クライエントの心に生まれてきたものの力強さは、そういうものを越えてひとつの対象を選んでしまうわけです。そして、実際、それは常識からみればだめな女性のようにみえますけれど、この人が人格変化を起こすという点においては、非常にすばらしい女性になっているのです。

ところが、そういって喜んでばかりおられないのは、この人が「結婚する」と言い出した場合です。結婚というのは非常にはっきりとした実際的な問題です。子どももできるでしょうし、以後長年にわたって生活をともにするという実際的問題です。それを考えると、カウンセラーは、人格変化が起こったとばかりはいっておられない。そして、実際に、友人も両親も、皆が反対するような人とこの人が結婚しようとする場合、カウンセラーもとめたくなります。ところが、ここでとめてしまったということは、実験をやめるのだということです。

こういうぐあいに、われわれとしては、実験をやめるかつづけるかの二者択一を迫られます。だから、私はわざわざ実験という言葉を使っているのです。非常に注意深く危険でないようにしていても、その結果についてははっきり分からない。うまくゆけばうまくゆくし、悪くゆけば悪くゆく。そういう意味では、私は人生というのは実験だと思います。そして、実験のどちらを選択するかということになれば、やはり、カウンセラーもそれに参加する決意をもっていなければできたものではない。そしてカウンセラーはクライエントだけでなく、自分の心の動きにも非常に敏感でなければならない。だから、「どうも自分としてはたまらない」とか、「自分としては、これはお断りするより仕方ない」とか、そういう気持ちに対しても敏感にならねばならないのです。

5　厳密で正確な観察

ところで、ここで、実験という言葉を使いましたが、やはり、実験をするときの大切なことは、観察が厳密で、正確でなければならないことです。たとえば、クライエントが自殺と言い出した場合、この人が、「自殺しようと思います」と言うのか、「自殺するほどつらいです」と言っているのか、「自殺する準備がしてあって、薬を買ってある」のか、あるいは、日が決まっているのか決まっていないのか、このへんのところによってずいぶん味が違ってきます。

ところが、実験のときに見る目がないと、少し火が出てきたら、「もう爆発するからやめてしまおう」と思うわけです。しかし、慣れてきた人であれば、相当な危険があってもまだ見ていることができるわけです。だから、たとえこの人が、「自殺するほどつらい」と言ったところで、カウンセラーがすぐにとめはしないで、「なるほど」と思って聴いている。そうして、自殺するほどつらいということは、その人の心が今非常に急激な変化を起こしつつあるということです。あるいは、ある人が「家出をしようと思います」とか、「今までそんなことはなかったが、急に母親とけんかをした」とか、このようなことは、ともするとカウンセラーが常識にとらわれていると、常識の面からみて「これは危ないのではないか」、つまり、この子が悪くなったと思うわけですが、もっと広い目でみていますと、これは悪い面もあるけれども、よい面もあるということが分かってきます。つまり、暗い面のなかにある新しい可能性の面にも目が向くわけです。

そうするとカウンセラーは、相当な危険のなかでもまだ安定感を失わない。つまり、この実験の入れ物が破裂しない。そういう意味で、どんな小さな事柄がでてきても、これは見逃せないという態度が必要です。新しい物理の実験や化学の実験をされた人は分かると思いますが、本当に実験をするときというのは、何かにとらわれているとだめです。たとえば、ラジウムを発見したキュリー夫人にしても、他の人は今までの常識にとらわれているから新しいものがあることが考えられない。ところが、そこで心の開いている人だけが新しいものを発見してゆけるのです。このような意味でカウンセリングというのは、常に何らかの意味で創造的な過程であると思います。

第二節　カウンセラーの仕事の多様性

1　「分業」による治療

このように実験をしているわけですが、そうはいっても、カウンセラーとしては、危ない、いたし方ないというときが実際にくるわけです。そうすると、われわれは実験をおしまいにしなければならない。あるいは、他の適当な人に実験をゆずらねばならない。

たとえばそのひとつは、医者に渡して精神病院へ入れてもらう。これは、今までにもずいぶん強調してきました。たとえばクライエントが、自分に幻聴、幻覚があるとか言っているのに、一生けんめい聴いて、これは新しい可能性がでてくると思って聴いていたら、大爆発が起こってくる。このようなときは、こんな面白い実験をやらずにむしろ専門家の方へまかせる。あるいは、とてつもない恋愛をやっている人を、これは新しい可能性があるので面白いから、ひとつ結婚させて実験的にみようとするよりは、まずここはとめよう。そうすると、とめるためには、両親に相談に行こうとか、しばらくこの人を離してみよう、遠い所へ旅にやってみるとか、どこかへ行かせてどうなったかみてみようとする。

この場合は、われわれは本来のカウンセリングの姿とは違うことをやっているわけです。そこで、カウンセラーがそのような仕事をやり出すと、混乱が生じる点を強調する人がおります。カウンセラーが、ここは少しカウンセリングをやめて、ちょっとお父さんと話し合いをしようとか、お母さんと話し合ってやめておこうということをしだすと、人間の心の可能性に注目してゆこうとする動きを抑えたくなってくる。抑えるのが上手になってきますと、恐いからすぐ抑えたくなってくる。だから、「自分はカウンセリングをするのだから、抑えるのはしない。ただし、抑えるときが必要となったときは、他の人にやってもらう」という人もいます。つまり自分は、あくまで可能性をみる方にまわり、どうしても自分がだめなら、自分が抑えるのは困るので、抑える側には他の人にまわってもらう。たとえば、ケースワークの人に頼むとか、ソーシャルワーカーに頼むとか、担任の先生にお願いするとか、他の人にやってもらって、自分は本来的なカウンセリングだけやるのだというふうに考える人もいます。つまり、分業です。

2　二役、三役をつとめる覚悟

自分はカウンセラーであるから、今いっているような可能性に注目してひたすら聴いてゆくのだけれども、これは危ないと思ったときには、他の人にまかせようというわけです。ところが、これはそう簡単にいきません。なぜ簡単にいかないかといいますと、大体、日本の現状では、あるところにカウンセラーが三人いてケースワーカーが三人も五人もいるとか、そういうところはなかなかありません。あるいは、皆さんが学校でカウンセリングを始められて少しおかしくなってきたら、「これは私の仕事ではない。ここは抑える方だから、君、頼む」と言っても、頼まれた人は絶対に怒るでしょうね。「君がカウンセリングのような変なことをやり出すから、あの子はこの頃おかしくなってきた」「ぼくは可能性を発展させたけれども、どうも危ないので、抑える方は担任にやってもらおう」。こうなると、担任の先生は怒ることでしょう。ただし、今私が言ったようなことが全部分かっていて、学校中の体制がそのようになって、カウンセラーの役割をよく知っていてくれれば、また別です。そういうところでは、本当にカウンセラーはカウンセリングだけやっていて、問題になったときは別の人が当たるというふうにやっているところもありますが、何といっても、問題は、日本ではまだまだカウンセリングというのは草分けの時代ですから、それほど皆が理解してくれていない。そうすると、ひとりのカウンセラーが二役、三役をしなければならない。われわれは、日本という国でカウンセリングをやり始める限り、ひとりで二役、三役をする覚悟がいると思います。私は実際にそうしています。それはその方が絶対によいというのではなく、今の状態では、その決意がなかったらできないということです。

そういう点で、カウンセリングというのは、根本的に理論的にたずねてゆくと、私が初めに言ったように、可能性の世界に注目する仕事といえますが、カウンセラーの実際の仕事というのは、ものすごくバラエティがあると私は思っています。だから、私は本当にクライエント中心で、クライエントによってずいぶん私の態度を変えています。

たとえば、クライエントが望ましくない女性を好きになって恋愛をしだした。そして、結婚したいと言うとき、他の人よりも私はもちろん待ちます。他の人が「やめておけ」とか、「そんな恋愛するな」と言うときでも私はずうっと聴いています。というのは、そこからどんな可能性がでてくるかわからない。ところが、最後にはっきり現実の問題となって、「○月○日に結婚します」というところまでいった場合には、私は、カウンセラーとしても、やはりもう一度現実の問題に立ち返らねばならないと思っています。そういう意味で、私は、カウンセラーというのは、あくまでも内的な世界に注目しているようですけれど、内界と外界の橋渡しをする役割をもっていると思います。根本姿勢としては、非常に内的なものに注目しながら、最後の時点では、その内界と外界の橋渡しをする役割に変わるわけです。

これは、第五章の例でいいますと、あの高校生がとうとう就職にふみ切ったときに、私は最後に、「私は半分は常識人だから」ということを言いました。「やっぱり高校へ行った方がよいのではないか」と。今までこの子の内界に住んでいた私が、半分足を外に出して、とうとう言ったわけです。あるいははっきり外界に立って、「こうしなければいけない」と言ったときもあります。たとえば、あの子が夜中に歩いて自動車をさわってつかまった場合ははっきり言っています。「だめだ。それはしてはいけない」と。はっきり私は外界に立った人間として、それを禁止しているわけです。そのときは、いわゆるカウンセラー本来の役割からはずれているわけです。

もう一度言うと、カウンセラーというのは実際問題としてはいろんな役割をしなければならないと思うわけです。その辺が、カウンセリングの話を非常に混乱させていると思います。だから私は、自分ではカウンセリングをしているときに、「私はこの人の心のどのあたりに会っているかしら」とよく思います。この人の人格の表層的な部分に会っているのか、深いところで会おうとしているのか。そして、人によっては、会うポイントをある程度決めた方がよいのではないかと思います。

3　深まりを抑える場合もある

内的な問題があまりにも大きい人は、ある程度これを抑えていて当たり前です。うっかり抑えをはずしてしまうと、この人は危なくなります。このような人は、カウンセリングに来ましても、われわれがふつう常識で考えているような内的な話をしないわけです。カウンセリングをわざわざ受けに来ながら、ふつうの人だったら涙を流して、「お母さんが憎い」とか言ってくれるのに、ありきたりの話をするような人がいます。そういう人はどういう人かというと、まだ深い内的なところへ入るのは危ない人なのです。こんなとき、私は浅いところで一生けんめいつき合おうとします。浅いところで一生けんめいつき合っているカウンセリングは、意味は非常に高いですけれど、もし録音をとって皆に聞かせたら、ほとんどの人は、興味を失って途中で眠ると思います。「お母さんが死にそうだ」とか、「殺したい」とか言えば、皆は緊張しますが、やって来て、「今日は、一時限目は国語でした」とか、「三時限目は算数でした」とか、そんな話をうだうだやって、「四時限に弁当何を食べた」とか、そんな話をしたらいやになります。

ところが、実はその意味がはっきり分かっている場合には、カウンセラーは聴くことができます。そういうことを一生けんめいになって話すことによって、その人は、自分の、いわば自我の表層部分をだんだん強くしていって、それを強くした後で、内的なことに向かおうとしている。あるいは、内的なことに向かわないにしても、外側を強くするだけでもカウンセリングの意味があると思うわけです。

これもよくいう話ですが、これの一番典型的な例としては、私がカウンセリングをした高校生ですが、やって来ては歴史の話をする子がいました。これは本当に印象的でした。わざわざ一時間かかるところをバスに乗ってやって来て、そして、私に向かって何を話すかというと、その日に習った歴史の話をします。「大化の改新がどうだった」とか、「天平時代の仏像はどうだった」とか、そういう話をして、しかも、話が途中でプツッと切れるわけです。歴史の話がプツッと切れると、次に何ともいえない沈黙がつづくわけです。そうすると、その子が「先生、そこの本を見ていいですか」と言うわけです。それで、私も、「まあ、どうぞ見てください」と思わず言ってしまう。すると、その子がパラパラと本を見ます。相談室に私は絵の本をたくさん置いていますが、その本を見ていると、また思いついて、「先生、ここに仏像がありますけど」と話を始める。そして、帰ってゆくわけです。

この場合、「ここで本を見てはいけません」と言ったり、あるいは、クライエントの沈黙に対して私も沈黙に耐えていると、これは危ないわけです。それは、もっと深い問題がでてくるかもしれませんが、でた場合はおそらく私もその子も、それを受けとめることができない。だから、その子が歴史の話をするというのは、非常に分かりきって、絶対あやまりのないことを話そうとしているのだと思います。好き嫌いの話が入らない。好き嫌いの話をすると危ない。好き嫌いの話をすると、たとえば、「自分はまんじゅうが好きだ」と言うと、私が「いや、まんじゅうより羊かんの方がおいしい」と言うかもしれない。そうすると、これは危ないですが、しかし、「大化の改新が何年だった」というのは、これはちょっとこちらとしても反対できないことでして、その話はその子にすれば、ひとりの大人に一対一で向かい合って話をすることが大きい意味をもっているわけです。その意味が分かるまでは、私も相当苦労しました。何をしに来ているのかと思いました。ところが、実際はやって来てその話をすることによって、その子はだんだん変わってくるわけです。そして、話の内容もほんの少しずつ変わってゆきます。そういうことが分かると、深さという点によると全然深くないけれども、カウンセリングの必要性、あるいはその意味という点で、やはり必要性も意味もあるカウンセリングであるといえます。

4　浅い話のなかにも意味がある

これは、私は、中学生や高校生のカウンセリングをする場合、特に注意した方がよいのではないかとこの頃思います。といいますのは、高校生や中学生をカウンセリングしますと、こちらがびっくりするほど深い問題を話す子がいます。よく高校生でここまで考えたなと思うほど、死の問題とか、愛の問題とかを話す子がいます。そういうのは、聴いていてもたしかに（われわれは待っているだけだといいましたが）聴きがいがあるわけです。ところが、やって来た高校生が歴史の話をしたり、「今日、三時間目に弁当を食べた」とか、「誰が食べなかった」とか、そんな話を聴いていたら、もう少し深い話をしてくれないのかしら、一対一で会っているのだから、というふうに思ったり、それから、カウンセラーがいや気がさしてきたり、知らず知らずのうちに深い話をさせるように変な水を向けたりしていると、それは失敗します。そして、私の経験では、こちらから見れば浅い話でありながら、本人にとっては相当深い意味をもっている話が中・高校生の場合多いのではないかと思います。そして、そういう話をしながら、けっこう相当立ち直っていった生徒がたくさんいるのです。

私がそのときつくづく思ったのは、なるほど中学生、高校生というのは、まだまだこれからのびてゆくのだ、今急に何かをパッと解決して、人格変化を起こして、というのではなくて、もっともっと今もっている自我を強めていって、ゆっくりと内的な可能性を吸収してゆけばよいのだから、むしろ、今ある基盤を強めるということに大きい意味があるのだということです。その場合は、カウンセリングといいましても、ふつうの常識からすると、なにか意味のないようにみえながら、意味があると思います。これもカウンセラーの仕事としては、もちろん非常に大切なことです。

5　教えた方がよい場合もある

カウンセラーとしては、クライエントになにか教えてあげた方がよい場合もあります。たとえば、「こうした方がよろしい」とか、「こういう本を読んだ方がよろしい」とか言う場合もあります。そうしますと、今まで述べてきたこととずいぶん矛盾してくる。クライエントの話をひたすら受容し、無方向で、無価値的にすすむというのと、教えたりするのでは、ずいぶん違うと思われることでしょう。このような点について、実際にクライエントに向かっているとき、今、私はその人のどこと向かい合っているのかということを考えます。どうしてもその人の自我を強めるようなことをしているのであれば、わりあい話をしたり、忠告したりする。ところが、もっともっと深いものを掘り出そうとするときには、その態度はずいぶん変わって、どんな話がでてきても、私はその話を受けいれるという態度にでる。このように、私の態度のあり方をクライエント次第で、ある程度変えています。ここで、クライエントに応じて態度を変えるには、やはり、先ほど言いました「観察する」ということが大切になってきます。そして、それについてこちらもいろいろ考えてみる。たとえば、歴史の話をする子どもでも、私にとってひとつのとりえは、その子がわざわざ遠いところをバスに乗ってやって来てくれるということです。やっぱり何か意味があるのであろうと分かるわけです。それが支えになる。あるいは、私が方向づけをしようとして、「この本を読んだらどうですか」と言っても、その本を渡すと次にその人が休むという場合は、これは、私が本を渡したことは明らかに失敗しているわけです。クライエントは、本を渡されて、「読まねばならない」と思うが、読み出しても何も面白くないし、読んでないから先生に会わす顔がないと思って休んでしまう。このようなことがあった場合、明らかに私が本を渡したことが失敗に終わっているということです。カウンセラーのしたことは、必ず次にいろいろと効果を及ぼしてきますから、その辺に注意深くしておればよいわけです。

たとえば、本を渡して一度休みます。次にやって来たときに、「どうも本を渡して読めなかったたし、来にくかったとちがいますか」と言うと、「ハイ、そうです」とクライエントが言う。「これは、変なこと押しつけて悪かったですね」と言いますと、むこうは、なるほどこの人は何でも平気で話し合える人だ、何でも平気で話し合ってもかまわない人だと分かるわけです。すると、クライエントが、「どうもあの本むずかしかったです」と言うと、「あ、そうですか」と受けいれたらよいわけです。クライエントは、本を借りたら読まないとかっこうが悪いというので、ウヤムヤになるところをはっきり話し合うことによって、カウンセラーの決意が分かる。そして、カウンセラーがどんなことでも受けいれるということが分かるわけです。

ともかくカウンセラーの仕事は多様ですので、第一章に述べた「現在できる最善のことは何か」という問いかけを常に心にもっていることが必要です。

第三節　自己実現への共同作業

1　思わぬときに発展のいとぐちがひらかれる

今まで述べてきたような関係になってきますと、本当に二人でひとつの仕事をしているという感じがしてきます。これは、私がよく言うのですが、本当にそのようになってきた場合というのは、二人で一匹の魚をつかまえているような気がします。魚が見えたら、「オイ、見えたぞ」と言います。「行ったぞ」と言います。また、「深くしろ」「浅くしろ」

と言います。そのときに、どっちが言ったかということは問題外だと思います。そのときに、最後に魚がとれて、「おれの網に入ったからおれの魚だ」とか、「いや、先に見たのはおれだから、おれの魚だ」などとは言いません。二人でとったということになる。そして、そのときに、どちらが先に言わねばならないというルールはないわけです。

たとえば、私が兄と行っていたとすると、兄が年上だから、私が魚が見えても言わない、先に言えば失礼に当たるから黙っていようなどと思わない。やはり先に見たものが言えばよい。つまり、ものを言ったときに、クライエントが言ったのか、カウンセラーが言ったのかというのは問題でなくなります。そういう状態になった場合は、カウンセラーは「こうしなさい」「ああしなさい」とたとえ指示をしたとしても、それはカウンセラーが指示をしたのではなく、魚がでてきたのだと思います。責任は魚にあるわけです。だから、こうなってきた場合、誰が指示したか、しなかったかということはほとんど問題でなくなります。そうなってきますと、ときどき思わぬことが起こって面白いときがあります。魚をとるつもりでなかったのに入ってきたとか、まったく思いがけないところに魚を発見したとか、面白いことが生じてきます。

そのひとつの例として、不登校の高校生との経験を話します。この人は、私のところへ来るまでに何人かのセラピストに会ってきた人ですが、私のところへ来るとき、非常に時間がきっちりしていて、十時になったと思うと戸が開く。あまり正確なので、私が、「あなたはすごく正確に来ますね」と言ったところ、「私は遅刻は嫌いです。それで、私は先生の家に十分ほど前に来ていて、そのへんで散歩して時間になったらさっと入る」と言います。そこで、私は思わず、「それでは、あなたは生まれてから遅刻、欠席全然ない人ですね」と言うと、その人は、「私は、遅刻、欠席全然……」と言いかけて、ハッと気がつく。つまり、不登校ですから、その人はずっと欠席ばかりしている人です。そのとき、私は思わず言葉が出たので、相手も思わずつられて答えかけて、二人であんまりおかしいので顔を見合わせて笑いました。そこで、私は、「遅刻をしたり、さぼったりしながらも学校へ行って卒業してしまう人は、今は大学へ行っている。ところが、遅刻を全然しない人、あなたは、まだ高等学校にいるということは面白いことですね」と言いました。

これは要するに、そういう「魚」が出てきましたよということを私が言ったのです。そこで、その人が自分の完全癖に気づくわけです。完全にやろうとすることで学校へ行けなくなった。つまり、三日休んだから、三日分全部調べないと学校へ行けない。三日分完全に調べるのに五日かけると、その五日分をまた調べなければならないということをくり返すのです。そこで、その人は完全にやろうやろうとして、実は非常に不完全なことをしている人間だということにはっきりと気づくわけです。この場合も、意図したのではなく、話の間に思わず私がそう言ってしまった。それを二人で笑い合う感じのなかで、新しいものがでてきたわけです。これなど、何もその人が話をしていれば、「あなたはどうも完全癖がある人です」と言えるかもしれませんが、私が「どうもあなたは完全癖があるから学校へ行っていない」と言ってもだめです。ところが、そういう生まれてきたもののなかでパッと言うと、その人は腹にこたえて分かります。

2　両者の自己実現の過程

こんなとき、私はカウンセリングをやっていて本当に面白いなあという気がします。つまり、私自身何をやらかすか分からぬことをやっているという感じです。音楽の指揮者の話をよくしますが、ウィーンフィルが来たときに思ったのですが、ウィンナワルツを演奏するとき、指揮者はバイオリンを持っていて、大切なところで指揮をし、あるところへくると一緒にバイオリンをひいて、まさに共にうたっているという感じです。私は、カウンセリングでもそうだと思います。カウンセラーが必死になってやらねばならないときと、一緒にバイオリンをひいて共にうたいあげるという楽しみを味わうときが絶対にあると思います。どうしても、カウンセリングというと深刻でなければならぬと思っている人がありますが。楽しいときには、二人で楽しめばよいのです。そういう仲でこそ、暗いところも出てくるし、楽しいことも出てくると思います。

ここに、カウンセラーを指揮者に、クライエントを楽員にたとえました。たしかにこの両者は、あるときは強くあるときは弱く、あるいは烈しい曲ものどかな曲も、共に協調し合って演奏を成しとげてゆくわけですが、これをカウンセリングにたとえるならば、一体、その作曲をしたのは誰だろうと思うときがあります。第五章に示した例にしても、初めて私がクライエントに会ったとき、あれだけの過程とあのような結末が生じようとは、想像することのできないものでした。私は、ただクライエントとその家族と共に、クライエントの発展の筋道にそって行動を共にしていっただけといえます。私のみならず、クライエント自身にしても、あのような筋を予期していたわけではないでしょう。クライエントが書いたのでもなければ、カウンセラーが書いたものでもない楽譜。誰が一体それを書いたのか。私は、それをクライエントの「自己」が書いたのだ、クライエント自身も知らない、しかしクライエントの心の底深く存在している心の中心、そして発展の可能性の中心である自己が書いたものだと、思ってみるのです。そして、その楽譜の意味を読みとろうとするとき、カウンセラーの心に内在する「自己」の働きを、それは常に要求するものです。このような楽譜にもとづいて、いかにして二人ですばらしい演奏をするか、それがカウンセリングの過程であり、とりもなおさず両者の自己実現の過程であると思います。

このようにカウンセリングを考えるとき、それはクライエントの人格の変容のみでなく、必然的にカウンセラーの人格の変容をも、ひき起こすことになります。このゆえに、私は、カウンセリングをカウンセラーとクライエントの、両者の自己実現への共同作業に他ならないと考えるのです。

解説　ぬえのような

鷲田清一

「今日、精神分析医の病院の診断用の椅子は、《わたしはだれなのか、教えてください》とたずねるひとびとの重みにうめいている」。一九六〇年代のこと、マーシャル・マクルーハンはある講演でそのように述べた。

かつては「カウンセリング」、いまは「心のケア」というふうに、多くのひとが他者によるメンタルなケアを必要とするような状態に置かれている。本人がそれをもとめる場合もあるが、まわりがその必要を感じる場合がはるかに多い。

共同生活をいとなむなか、滑らかであるはずの関係がだれかのところで軋《きし》むとき、対立や軋轢《あつれき》が生じるのであればそれはそれとしてよいが、そのだれかの場所が関係それじたいをもはやなりたたせないような了解不能な一点となりだしたとき、その兆しを感じた周囲の者たちは、さりげなく「治療」をはじめる。いつもは言葉に言葉を返すだけなのだが、このときばかりはだれかが「聞き役」に徹して、言葉の感触から「問題」をさぐる。ついに手に負えないと感じたときは、シャーマンの役をつとめる高齢者（多くは女性）が、代わりにその「魂の震え」に耳をそばだて、ときには代弁し、「治療」にあたる。

そういう聞き役、あるいは代弁者といった役割を、かつては共同体のメンバーがだれそれとなくつとめてきた。「あんた、いっぺん聴いてやり……」というふうに。

その聞き役、代弁者の役をだれもがふつうにつとめるような共同体の（見えない）力はしかし、社会の仕組みが「近代化」してゆくとともに、しだいに消失していった。地域社会、会社などがシステム化されゆくとともに、それらが当初はたしていた拡大された家族の役割もしだいに放棄されていった。そしてシステム化された言語や行動様式、価値規範がこんどは家族生活をも深く蝕むこととなった。社会のいわゆる中間領域というものが骨格をあいまいにし、個々の〈わたし〉は社会という大きなシステムに剝きだしのまま直結されるようになった。ひとの「魂」は、肉体をもたぬ匿名の言語ネットワーク、匿名の巨大なシステムのなかを漂うようになった。

そこから、その「魂」の世話をする職業が生まれた。カウンセラーや精神科医といった専門職の仕事である。カウンセリングという仕事は、つまり、こうした時代の仕組みの大きな変化を前提としている。「近代」という時代に起こった社会の構造変化を背負っている。だからここにある河合隼雄さんの手引き書も、カウンセリングの実際を具体的な場面に即してことこまかに説きながら、じつは右のような歴史的な背景を色濃く映しだしているといえる。

河合隼雄さんは、わが国に臨床心理学という学問領域を確立したひととしてよく知られている。臨床心理学の理論書を体系だって著述し、カウンセリングの技法を広めることで、「臨床心理士」という職業を社会に浸透させていった。その姿は頑固一徹であったが、しかしその言葉、立ち居ふるまいにはどこかおおらかで緩んだところがあって、講演会や講習会などでその緩みにふれたひとは、心の縛りを深くほどかれる思いがしたはずだ。

けれどもまぢかでかれに接したとき、この巨大な知性はときにぬえのような印象をあたえる。まぢかというのは、かならずしも目の前でじっさいに会ったときということではない。著作を一行一行舐《な》めるように読むときにも、同じような印象にとらわれる。

ぬえのような、というのは、かれの人柄のことではない。かれが身を挺して取り組んだカウンセリングの実際のことである。このぬえのゆえに、かれの叙述はリアルな感触を湛える。心理臨床の現場は一筋縄ではいかないものだし、いかせてはならない、という感触をリアルに伝えるのである。

第五章の「ひとつの事例」をはじめとして、この本にはカウンセリングの実際が、カウンセリングを志すひとのためにことこまかに叙述されている。

「自我」の存立ということをめぐっては、主体性、同一性、他者との区別、統合性という四つのメルクマールが提示されているが、そのとき重要なことは、それらのすべてについて、「ある程度の」という但し書きがつくことだと河合さんはいう。この「ある程度の」という曖昧さ、それはカウンセリングの輪郭の曖昧さであり、初めと終わりの曖昧さである。この曖昧さを河合さんはひたすら大事にする。語りのそのぬえぶりは、パスカルが遺したこんな言葉を彷彿とさせる。

「彼が自分をほめ上げたら、私は彼を卑しめる。彼が自分を卑しめたら、私は彼をほめ上げる。そして、いつまでも彼に反対する。彼がわかるようになるまでは、彼が不可解な怪物であるということを」(前田陽一訳『パンセ』より)。

たとえば、カウンセリングをどこで終わるかという問題。カウンセリングを引き延ばすな、引っぱりすぎるな、けれども息は長く、と河合さんはいう。反省することで問題が片づいたと思うな、けれども反省過剰となるな、ともいう。時が満ちるという瞬間をつかまねばと読者は思うのだが、それこそいちばんむずかしいことだ。この背景にあるのは、カウンセリングというのはクライエントとカウンセラーとが「二人でやり抜く」大きな仕事だという考えである。両者のあいだでさまざまな押し引きがあり、気の遠くなるようなやりとりがあり、場合によっては「よい方法ではないが、自分の気持ちとしては致し方がないからする」というふうに、カウンセラーがある意味で違反をしてまでしなければならないこともある（第五章の事例はそういう場面に満ちている）。そのうち「治る」と「治す」という二つの契機がうまく噛み合って、二人の仕事にめどがつきはじめる、そんな瞬間も生まれてくる……。

終わりをこういうふうにさぐったらいいとして挙げている対処にこんなのがある。「どうもひと山越えたような感じですね」と声をかけるのである。この言葉の含みはつぎのようなものである。「つぎにあなたがふた山越えるのだったらつづけていこう、ひと山でやめるのだったらやめてよい」。ここで河合さんがとにかく注視しているのは、カウンセラーのほうが勝手に満足して終わらないこと、しかしまた「堂々めぐり」にならないこと、「共倒れ」にならないことである。「これでよし」という見きわめは、カウンセラーのほうから一方的につくものではないからである。

この手引き書はだから、うわべとちがって、けっしてマニュアルを記したものではない。いやむしろ、反マニュアル主義の書である。自己のうちにある自己を超えた可能性にかける、そういう意味では「自己実現」をめざしながら、いたるところでこの目標の過剰な強迫を戒めている。そして逆に、悔いや心残り、態度の二律背反や矛盾に、「仕方ない」と心を宥《なだ》め、ほぐすような濃《こま》やかないたわりの叙述に多くを充てている。すんなりいったように思えるときこそいちばん危ないという注意が、具体的な事例とともに語りだされる。おなじように、ひたすら聴くこと、言葉を受けとめることの大切さを説いても、聴くだけではだめ、あえて聴かないことも大事、と念を押す。ときには突き放したり、思いとは逆のことを言ったり、聴いていないふりをしたり、とりあわないでいたり、わざとはぐらかしたり、逸《そ》らしたりするということも必要になるというのだろう。いずれにせよ大事なことはしかし、そうした押し引きのなかで、最後までつきあうということだだろう。河合さんのいう「温かくて厳しい関係」のなかで、辛抱づよくいつか「大きい波」が訪れるまで待つことだろう。カウンセリングのひとつの本質はこの、《時間をあげる》というところにあるのではないかと、わたしは読みながら思った。ここでは自分の関心で動いてはならないのだ、と。エンドレス、「潮時《しおどき》」や「塩梅《あんばい》」、「ある程度」、臨機応変、偶然のはからい……といった、まさにマニュアル化に抗うものをこそ、この本のなかで河合さんは伝えようとしたのだと思う。

わたしは河合隼雄さんと二日間にわたり、「臨床」と「言葉」について語りあったことがある。その様子は『臨床とことば』(阪急コミュニケーションズ)に再録されているが、そのとき河合さんに答えられなかったこと、河合さんに答えてもらえなかったことが、いまもつよく心に遺《のこ》っている。一つは、さまざまな偶然をはらんだそのつどの臨床の場において生まれる経験が、いかにして〈学知〉としての普遍性へとつながってゆくのかということ、つまりは「臨床的普遍」は何を根拠としうるかという問題、これはいいかえると〈個〉の科学がいかにしてなりたつかという問題である。もう一つは、ひとについて、文化について、生態系について、多様性の大切さを説く議論が渦巻いているが、なぜ人格についてだけ多様性は封印されるのか、なぜ「多重人格」というふうに病態として語られるのかということである。このことを対談のなかで問題にしたとき、まるで深く眠り込むかのように、眉間に皺を寄せられ、長い沈黙に入られた姿が、いまもわたしの網膜につよく焼きついている。これらは重い宿題としてわたしに遺された。

本書では、はじめのところで「聴く」ことの意味にふれられ、終わり近くになって「待つ」才能について論じられる。「聴く」ことについては拙著『「聴く」ことの力』をありがたくも読んでいただいたが、その後著した『「待つ」ということ』については、もはやお手元に届けることができなかった。読んでいただいたあと、もういちどあの深く背を曲げて考え込まれる姿にふれたかった。すぐに顔を上げて、もうちょっと突っ込んでほしかったですね、と言われたにちがいないが。

（哲学者）

〈心理療法〉コレクション 刊行によせて

本コレクションは、私の父であり、ユング心理学を日本で最初に本格的に紹介した河合隼雄の「心理療法」についての著作の主なものを、一般読者に手に取りやすい文庫という形で提供しようとするものである。二〇〇六年八月に突然倒れ、意識不明のままほぼ一年後の二〇〇七年七月に亡くなった父は、少なくとも意識的には何も死の準備などできなかった。生前の仕事の仕方からして、残念ながらほぼ何の遺稿も残っていない。残された仕事を出版するすべもないなかで、このコレクションの出版には追悼の意味もこめられている。

さて、本コレクションは、第一作である『ユング心理学入門』からはじまり、晩年の『心理療法入門』に至るまで、心理療法についての河合隼雄の考え方の変遷がたどれるものとなっている。『ユング心理学入門』では、西洋で学んだ心理療法を紹介する姿勢も見られ、同じく初期の『カウンセリングの実際』では、逆に体当たり的に行っている自身の心理療法の事例が載っているのが初々しい。著者独自の心理療法の理解ややり方は、六三歳で京都大学を定年で退いた時に書かれた『心理療法序説』になると、もっと自覚されていくことになるが、初期のものにも既に現れているとも言えよう。

心理療法というのは、いくらセラピストががんばってもクライエントという他者によっている。ユング派の特徴でもあろうが、父河合隼雄の心理療法論は、常に他の学問との対話や、様々なコンテクストという他者に照らして展開されていることが多い。それは『生と死の接点』におけるような文化人類学や宗教学の知見であり、また『ユング心理学と仏教』における仏教の教えである。またある種対極をなすことが多いながら、科学性ということも、常に意識されていたことがわかるのである。最後の『心理療法入門』は、イメージ、身体性、イニシエーション、物語など、様々な他者との関連で心理療法を捉えた全八巻から成る、『講座心理療法』というシリーズでの巻頭の概説を集めたものなので、体系化はされていないものの、様々なコンテクストで心理療法を捉えていこうという姿勢は貫かれていると言えよう。

心理療法に関する著者の仕事としては、既に文庫化されていたり、一冊に編集しにくかったりするものが含まれていないので、必ずしも全てを網羅したものではない。しかしながら一般読者からすると、通読すると河合隼雄の心理療法に対する考え方のエッセンスがわかるコレクションであると言えよう。

版権の承諾に関しては、培風館と誠信書房にご理解をいただき、感謝している。本コレクションにおける『ユング心理学入門』と『カウンセリングの実際』(『カウンセリングの実際問題』というタイトルで誠信書房より刊行)は抜粋であり、より専門的に知りたい人には、是非とも培風館と誠信書房から出ている完全版をお薦めしたい。また多忙にもかかわらず各巻の解説を快く引き受けていただいた先生がた、それに企画から様々なチェックまでお世話になった岩波書店の中西沢子さんに、こころから感謝したい。

二〇〇九年三月末日

河合俊雄

本書は『カウンセリングの実際問題』として、一九七〇年八月、誠信書房より刊行された。岩波現代文庫への収録にあたり、第一章〜第四章、第八章、第九章の「◎質問と答え」、および第七章、付章を割愛した。

〈心理療法〉コレクションII
カウンセリングの実際

2009年7月16日 第1刷発行
2023年7月5日 第9刷発行

著　者　河合隼雄《かわいはやお》

編　者　河合俊雄《かわいとしお》

発行者　坂本政謙

発行所　株式会社 岩波書店
〒101-8002 東京都千代田区一ツ橋2-5-5

案内 03-5210-4000　営業部 03-5210-4111
https://www.iwanami.co.jp/

印刷・精興社　製本・中永製本

ISBN 978-4-00-600221-3　Printed in Japan

岩波現代文庫創刊二〇年に際して

二一世紀が始まってからすでに二〇年が経とうとしています。この間のグローバル化の急激な進行は世界のあり方を大きく変えました。世界規模で経済や情報の結びつきが強まるとともに、国境を越えた人の移動は日常の光景となり、今やどこに住んでいても、私たちの暮らしは世界中の様々な出来事と無関係ではいられません。しかし、グローバル化の中で否応なくもたらされる「他者」との出会いや交流は、新たな文化や価値観だけではなく、摩擦や衝突、そしてしばしば憎悪までをも生み出しています。グローバル化にともなう副作用は、その恩恵を遥かにこえていると言わざるを得ません。

今私たちに求められているのは、国内、国外にかかわらず、異なる歴史や経験、文化を持つ「他者」と向き合い、よりよい関係を結び直してゆくための想像力、構想力ではないでしょうか。

新世紀の到来を目前にした二〇〇〇年一月に創刊された岩波現代文庫は、この二〇年を通して、哲学や歴史、経済、自然科学から、小説やエッセイ、ルポルタージュにいたるまで幅広いジャンルの書目を刊行してきました。一〇〇〇点を超える書目には、人類が直面してきた様々な課題と、試行錯誤の営みが刻まれています。読書を通した過去の「他者」との出会いから得られる知識や経験は、私たちがよりよい社会を作り上げてゆくために大きな示唆を与えてくれるはずです。

一冊の本が世界を変える大きな力を持つことを信じ、岩波現代文庫はこれからもさらなるラインナップの充実をめざしてゆきます。

（二〇二〇年一月）

岩波現代文庫［学術］

G462
排除の現象学
赤坂憲雄

いじめ、ホームレス殺害、宗教集団への批判――八十年代の事件の数々から、異人が見出され生贄とされる、共同体の暴力を読み解く。時を超えて現代社会に切実に響く、傑作評論。

G463
越境する民
近代大阪の朝鮮人史
杉原達

暮しの中で朝鮮人と出会った日本人の外国人認識はどのように形成されたのか。その後の研究に大きな影響を与えた「地域からの世界史」。

G464
越境を生きる
ベネディクト・アンダーソン回想録
ベネディクト・アンダーソン
加藤剛訳

『想像の共同体』の著者が、自身の研究と人生を振り返り、学問的・文化的枠組にとらわれず自由に生き、学ぶことの大切さを説く。

G465
我々はどのような生き物なのか
―言語と政治をめぐる二講演―
ノーム・チョムスキー
福井直樹
辻子美保子編訳

政治活動家チョムスキーの土台に科学者としての人間観があることを初めて明確に示した二〇一四年来日時の講演とインタビュー。

G466
ヴァーチャル日本語 役割語の謎
金水敏

現実には存在しなくても、いかにもそれらしく感じる言葉づかい「役割語」。誰がいつ作ったのか。なぜみんなが知っているのか。何のためにあるのか。〈解説〉田中ゆかり

2023.6

岩波現代文庫[学術]

G467
コレモ日本語アルカ？ ―異人のことばが生まれるとき―
金水敏

ピジンとして生まれた〈アルヨことば〉は役割語となり、それがまとう中国人イメージを変容させつつ生き延びてきた。〈解説〉内田慶市

G468
東北学／忘れられた東北
赤坂憲雄

驚きと喜びに満ちた野辺歩きから、「いくつもの東北」が姿を現し、日本文化像の転換を迫る。「東北学」という方法のマニフェストともなった著作の、増補決定版。

2023. 6